HSK 5級

作文問題最短制覇

鄭 麗傑、張 麗梅 著

三修社

まえがき

書き言葉の表現力は、避けて通れない言語コミュニケーション能力です。中国語教育がグローバルに発展し、中国語学習者の数が増え続けるなかで、中国語を書く能力を高めたいと願う人はますます増加しています。聞く、話す、読む、書くという４つの言語技能の中で、書く（作文）技能は軽視され、作文の授業は通常、高年次のクラスでしか設けられていません。そのため、学習者の書き言葉の表現力は大幅に伸び悩むことが多く、コミュニケーション能力をスムーズに伸ばしていくうえで妨げとなっています。HSK では３級から作文試験が加わり、ここでの試験問題は単純な選択ではなく、受験者が自ら手を動かして書くことが求められます。漢字を書く力、中国語の作文レベル、言語の総合力を全面的に測定でき、中国語の作文教育を推進するものとなっています。

言語能力は思考能力と深く関わりますが、違いもあります。HSK の 3、4、5 級試験では、問題設計のうえで言語能力の測定に重点が置かれています。この前提のもとで行われる作文試験では、受験者の言語学習レベルに合わせ、単語を文に並べ替える、図を見て文を書く、図を見て短い文章を書くという異なる設問形式を用いて、順を追って段階的に作文レベルを測定します。

私たちは、長年にわたる中国語教育の経験と、「HSK 大綱」の基準や要件に基づいてこの本を作りました。これから HSK ５級を受けようとする学習者のみなさんに向けて、ポイントを絞った、系統的な手引きを行っています。まず、「大綱」に記載されている単語や文法項目について、「単語—文—段落—文章」という積み重ね方式で系統的にトレーニングして、学習者が着実に作文能力を身につけるよう導き、６級や今後の実戦的な応用のために基礎固めをします。また、HSK では専門的な文法構造は問われませんが、文法力は聞く、話す、読む、書く問題の中で試されます。特に作文部分では、確実な文法の基礎がなければ論理的、正確で内容の豊かな短い文章を書くことは難しいでしょう。このため、本書の作文能力のトレーニングは、文法の系統的解説と練習問題を柱としています。

この本の解説では、HSK 5級試験の作文と文法で求められる要件を全面的に分析し、5級に頻出する文法項目とつまずきやすいポイントを網羅しています。練習問題のスタイルと難易度は本試験と同じですので、学習者のみなさんが手軽にHSK 5級の作文問題の試験対策をするのに役立ちます。また、この本での作文練習を通じて学んだ文法知識は、ヒアリングや読解のトレーニングに生かすことも可能です。ヒアリング能力と読解スピードをアップし、答案の正確さを向上させれば、HSK 5級試験をまるごと攻略できることでしょう。

このように、本書はHSKの作文部分に特化したトレーニング教材であるばかりでなく、HSKの総合的・全面的な文法教材でもあります。この本が幅広い学習者のみなさんのスムーズな合格に役立ち、また中国語を教える先生方のヒントとなることを願っています。

編者

2016年5月

＊本書は『21天征服HSK5级写作・语法』（外语教学与研究出版社）の日本語版です。

目　　次

本書の使い方

本書は3週間ですべての学習を終えるよう構成されています。1週間の学習は作文部分と文法部分に分かれます。

作文部分は練習問題による実戦形式をとり、2つの内容からなります。第一は文の完成で、ここで用いる文型はその日に学習した文法ポイントが中心です。第二は週ごとに異なり、難易度を上げながら段階的にトレーニングを行うもので、次のようになっています。第1週では、図を見て与えられた単語を用いて文を作ります。第2週では、与えられた単語を用いて短い文章を作ります。第3週は、図を見て短い文章を作ります。

文法部分は、どの日の学習にも「HSK 大綱」で理解が求められている文法ポイントが含まれるようになっています。単語と構文の両面からアプローチし、的をしぼって、系統的に学習者の学びを導きます。作文でまず基本として求められるのは、単語を文の形に並べることですが、単語の意味と文法的特徴を正しく理解し、文の組み立て方と単語の文中での機能を知ることは、作文能力において不可欠の2つの要素です。そこでこの本では、単語・構文面から同時に進めるスタイルをとり、最短・最速で学習者が HSK 5級試験の作文部分のポイントを理解・納得するサポートをしています。

第1週：

(1) 作文部分

単語から文を組み立てるトレーニングです。主に単語と文からアプローチし、学習者が正確な文の表現方法をよく理解し、様々な文の並べ方・組み合わせ方の特徴や、多様な単語の用法によって文を組み立てる考え方を身につけるサポートをします。この部分の練習問題には、文の完成、図を見て与えられた単語で文を作るという2つの形式があります。

文の完成：1日に10問の実戦問題があり、その日の文法部分で学んだ内容を主とし、系統的なトレーニングを行います。

図を見て与えられた単語で文を作る：HSK4級の作文問題の形式をとり、1日に10枚の鮮明な図版を用い、HSK5級レベルで求められる単語を選んで作文トレーニングを行います。同時に、学習者の語彙量を増やし、後の「図を見て短い文章を作る」ステップの基礎固めとします。

(2) 文法部分

構文：主語・述語・目的語からアプローチし、学習者が中国語の文の基本的な構造を理解するよう導きます。また、文の主語・述語・目的語に対してどのように連体修飾語・連用修飾語・補語を使い、文の意味を深め、内容を豊富にするかの理解を深めます。

単語：常用される方位名詞・代名詞・動詞・形容詞・数詞を紹介し、その基本的な用法と文法的特徴を解説します。また一部の誤りやすく、混同しやすい語を対比させて解説・分析を行います。

第2週：

(1) 作文部分

文から文章を組み立てるトレーニングです。この週は、与えられた単語から短い文章を作る訓練に入ります。作文の主な目的は、ただ単語を並べることではなく、自分の考えを表現し、コミュニケーション機能を実現することであり、学習者には自分の力でものごとや内容を伝達できることが求められます。そして、与えられた単語によって表現することは、自力で伝達する力の基礎となり、単語の意味を理解できている前提があってこそ、他の単語との組み合わせを正確に選び、それによってまとまった内容を正確に伝えることができます。さらには、これまで学んだ単語を自らの力で組み合わせ、自分の考えを間違いなく表現して、コミュニケーションの目的を実現できるのです。HSK5級作文の練習問題では、第二部分の1問目で80字前後の短い文章を書くことを求めています。そこで、この部分のトレーニングの短い文章の字数も80字前後としています。

文の完成：1日に10問の実戦問題があり、その日の文法部分で学んだ内容を主とし、系統的なトレーニングを行います。

図を見て与えられた単語で短い文章を作る：1日に2篇の短い文章を作ります。学習者は問題の隣にあるヒントに基づいて、順序立てて疑問を出し、想像力を働かせ、その疑問点を整理した後、スムーズに80字前後の短い文章を完成します。

(2) 文法部分

構文：学習者が中国語の特殊構文を理解するよう導きます。連動文・兼語文・存現文・“把”構文・“被”構文・比較文などを含み、こういった構文の基本的な形と使用時の注意点を理解できるようにします。また、中国語では動作の進行・継続・未来などの状態をどう表現するのかを学びます。

単語：常用される量詞、数量詞の重ね、時間の表し方、一部の副詞を紹介します。その基本的方法・文法的特徴を解説し、一部の誤りやすい、混同しやすい単語を対比させて解説・分析します。

第3週：

(1) 作文部分

図を見て文章を作るトレーニングです。この週では、図を見て短い文章を作る訓練に入ります。1枚の図が与えられ、学習者は図の内容を理解・想像した後、自分の言葉で内容を表現します。これで実際の作文段階に入ったことになり、字数は前の週と同様に80字前後です。

文の完成：1日に10問の実戦問題があり、その日の文法部分で学んだ内容を主とし、系統的なトレーニングを行います。

図を見て短い文章を作る：1日に2篇の短い文章を作ります。学習者は問題の隣にあるヒントに基づいて想像力を働かせ、順序立てて疑問を出し、その疑問点を整理した後、スムーズに80字前後の短い文章を完成します。

(2) 文法部分

構文：学習者が中国語では動作の完成・経験などの状態をどのように表現するかを理解するよう導きます。陳述文・命令文・疑問文・感嘆文などの様々な文の種類を学びます。また、複文を学び、並列・漸進・接続・選択・逆接・譲歩・因果・目的・仮定などの関係を表す複文を扱います。

単語：様々な副詞・介詞・擬声語を紹介し、その基本的用法・文法的特徴を解説します。一部の誤りやすい、混同しやすい単語を対比させて解説・分析します。

本書では、毎日の教室での学習部分は、学習者のレベルによって2～3コマを使って学ぶことをお勧めします。学習した後の復習・練習に要するのは1時間です。1日ごとに相対的に独立した模擬練習問題があり、21日の学習とトレーニングを終えれば、試験前にはもう15回の模擬試験を受けていることになります。そうなれば、試験本番は学習者にとって、もう見慣れないものではなくなるでしょう。

月曜から金曜まで、毎日の学習内容はポイントのまとめ・実戦問題・新出単語・復習と練習が含まれます。ポイントのまとめは、主に文法面から文の構造、文から文章を組み立てる際の基本知識を紹介します。これらの基礎知識は、文や短い文章の書き方を理解するのに役立ちます。実戦問題では、学習者はHSK作文の問題形式の特徴をつかむことができます。新出単語の部分は、語彙量を増やし、理解力と作文レベルを高めるのに役立ちます。復習と練習では、ただちに復習してその日学んだ文法や作文知識を固めるほか、その部分の知識をどの程度理解しているかをいつでも自己チェックできます。

週末には、「知っておこう」とそれに対応する練習問題があります。「知っておこう」では、学習者は中国語作文の知識やコツをより全面的に理解し、次のステップで長い文章を書くための基礎固めができます。練習問題では、学んだ知識をその場で強化し、理解を深められます。

本書の説明や解説では、教師が授業で話すような自然で生き生きとした語り口を使っています。選んだ例文は簡潔明瞭で文法ポイントの理解に役立ち、文中に知らない単語が多くても心配はありません。また、本書は計画性に優れ、教室での授業でも学習者の独習でも、学習の時間とスピードが比較的設定しやすくなっています。

本書で学ぶことにより、学習者のみなさんが短期間で中国語の作文レベルとHSK試験のスコアを高め、さらには中国語の総合力をアップできれば、これ以上の喜びはありません。

HSK（5級）概要

「HSK」（5級）は受験者の中国語運用能力を測定するものであり、体験・所感・文学・芸術・自然など9つのトピックにわたります。部屋を借りる、旅行の計画を立てる、人と交際するなど12の言語タスクを網羅しています。「国際中国語能力標準」（国际汉语能力标准）5級、「ヨーロッパ言語共通参照枠」（CEFR）C1レベルに相当するものです。HSK（5級）に合格した受験者は、中国語を用いてやや抽象的・専門的な話題について会話や評価を行い、自分の考えを述べ、様々なコミュニケーションタスクに比較的自然に対応することができます。

一、試験対象

「HSK」（5級）は、主に毎週3～4コマの頻度で2年以上中国語を学び、関係するトピック・タスク・言語項目および2500の常用語彙を理解する受験者を対象としています。

二、試験構成

「HSK」（5級）は合計100問で、ヒアリング（听力）・読解（阅读）・作文（书写）の3部門からなります。全体の試験時間は125分です（受験者が個人情報を記入する時間5分を含みます）。

<table>
<tr><th colspan="2">試験内容</th><th colspan="2">問題数（問）</th><th>試験時間（分）</th></tr>
<tr><td rowspan="2">ヒアリング</td><td>第一部分</td><td>20</td><td>45</td><td>約 30</td></tr>
<tr><td>第二部分</td><td>25</td><td></td><td></td></tr>
<tr><td colspan="4">答案カードの記入（ヒアリング部分の解答を答案カードにマークする）</td><td>5</td></tr>
<tr><td rowspan="3">読解</td><td>第一部分</td><td>15</td><td rowspan="3">45</td><td rowspan="3">45</td></tr>
<tr><td>第二部分</td><td>10</td></tr>
<tr><td>第三部分</td><td>20</td></tr>
<tr><td rowspan="2">作文</td><td>第一部分</td><td>8</td><td rowspan="2">10</td><td rowspan="2">40</td></tr>
<tr><td>第二部分</td><td>2</td></tr>
<tr><td>合計</td><td>／</td><td colspan="2">100</td><td>約 120</td></tr>
</table>

1. ヒアリング

第一部分は合計 20 問で、各問題の聞き取り回数は 1 回です。各問題は 1 つの会話と 1 つの質問からなり、問題用紙に 4 つの選択肢があります。受験者は聞き取った内容に基づいて解答を選びます。

第二部分は合計 25 問で、各問題の聞き取り回数は 1 回です。この部分の問題は 4 ～ 5 つの文からなる会話と 1 つの質問、あるいは 1 つの文章と 2 ～ 3 つの質問からなり、問題用紙には質問ごとに 4 つの選択肢があります。受験者は聞き取った内容に基づいて解答を選びます。

2. 読解

第一部分は合計 15 問です。この部分は 4 つの文章からなり、各文章には 3 ～ 4 つの空欄があり、空欄に 1 つの単語あるいは文を入れます。空欄ごとに 4 つの選択肢があり、その中から解答を選びます。

第二部分は合計 10 問です。各問題に 1 つの文章があり、受験者は 4 つの選択肢の中から文章の内容と一致する項目を選びます。

第三部分は合計 20 問です。5 つの文章があり、各文章に 4 つの質問があります。受験者は質問ごとに 4 つの選択肢の中から解答を選びます。

3. 作文

第一部分は合計8問です。問題ごとにいくつかの単語があり、受験者はこれらの単語を1つの文にします。

第二部分は合計2問です。第一問には5つの単語があり、受験者はこれらの5つの単語を用いて80字前後の短い文章を書きます。第二問には1枚の図があり、受験者は図に合うように80字前後の短い文章を書きます。

三、成績報告

「HSK」(5級)の成績報告は、ヒアリング・読解・作文・合計の4つの点数からなり、満点は300点です。また、報告ではパーセンタイルランクが表示され、受験者は自分の成績が全世界の受験者の中でどの位置にあるのかをおおよそ知ることができます。

＊この紹介は、「HSK試験大綱・5級」(HSK考试大纲・5级)(孔子学院総部/国家漢弁編、人民教育出版社、2015年9月第1版)に基づいています。

第1週

単語から文を組み立てる

みなさんはもうある程度の期間、中国語を勉強していますね。最初の“你好”“谢谢”“我听不懂”から始まり、今では簡単な中国語で中国人と会話ができ、話す力もぐっと伸びて、たくさんの漢字や単語も知っていることでしょう。でも、こんな壁にぶつかったことはありませんか。「漢字は読めるし、単語の意味も分かるけれど、自分で話そうとするとどう並べていいか分からず、“中国人には通じない、外国人には意味不明”なことを言ってしまう」。これは、中国語の文法や作文の知識が欠けているためです。HSK4、5級試験の作文部分のポイントは、まず語順の問題です。つまり、中国語の語順をマスターしなければ、言葉を組み立て、意思を伝えることはできません。こう言ってしまうと、難しそう、苦手だなあ、と思いますか？　大丈夫、この本で学べば、3週間後には苦手意識はスッキリ解消していますよ！

第1週はまず、いかに単語から正しく文を組み立てるかを勉強しましょう。

月曜日

主語 述語 目的語 方位名詞

文章はいくつもの文から成り立ち、文も単語から構成されています。単語の意味を正確に理解し、語順を合理的に並べなければ、正しい文や文章を書くことはできません。今日はまず、このことをおさらいしましょう。

はじめに中国語の文を構成する基本的な成分を確認します。主語・述語・目的語・連体修飾語・連用修飾語・補語です。

基本的な構造と順序は、こうです。

主語＋述語＋目的語

例：学生 学习 文化。

連体修飾語は主語と目的語を修飾します。

（連体修飾語）主語＋述語＋（連体修飾語）目的語

例：(外国) 学生 学习 (中国) 文化。

連用修飾語は述語を修飾します。

（連体修飾語）主語＋［連用修飾語］述語＋（連体修飾語）目的語

例：(许多) (外国) 学生 [都] 学习 (中国) 文化。

補語は述語を補足・説明するはたらきをします。

（連体修飾語）主語＋［連用修飾語］述語〈補語〉＋（連体修飾語）目的語

例：(许多) (外国) 学生 [都] 喜欢〈上〉了 (中国) 文化。

■要点のまとめ

主語・述語・目的語の位置と方位名詞

一、主語・述語・目的語

主語・述語・目的語とは何でしょうか？ 主語とは、文の初めで主な人物やものごとを表す成分です。述語とは、主語の後ろで主語に説明を行う成分です。一般的な文は、すべてこの2つの成分から成り立っています。目的語とは、述語の動作の対象を表します。

これらの順序は、次のようになっています。

基本構造：主語＋述語	主語＋述語＋目的語
例：张老师 很热情。	我们 学习 汉语。

主語：　张老师去阅览室。（名詞主語が人物を表す）
前面有一个阅览室。（方位詞主語が方向を表す）

述語：　你的话缺乏说服力。（動詞述語）
张老师身体很好。（主述フレーズが述語となる）
今天星期一。（名詞述語）

目的語：　他们从事教育工作。（名詞目的語）
气候原因导致农产品价格上涨。（主述フレーズが目的語となる）

二重目的語：老师教我们 汉语。
我送妹妹 礼物。
目的語1（人）＋目的語2（もの）では、目的語1と目的語2の位置は交換できません。
例：老师教汉语我们。（×）

二、方位詞

文は単語から成り立っています。私たちは文の基本成分（主語・述語・目的語）を学びましたが、そのほかに文を構成する単語も見ておきましょう。名詞は中国語の中で最も数の多い単語で、この名詞をどれだけ蓄積できるかは、みなさんの普段の努力にかかっています。ここでは特に、名詞の中の「方位詞」について紹介します。

方位詞は、時間あるいは空間を表す名詞です。

❶ HSK 試験でよく使われる方位詞

単音節方位詞：

前、后、上、下、左、右、东、西、南、北、里、外、内、中、间、旁

合成方位詞：

単音節方位詞に“边、面、头、以、之”などを組み合わせた方位詞で、“后边、下面、里头、以内、之外”など。

❷ 方位詞の用法

1)「普通名詞＋方位詞」で場所を表します。

例：桌子上、床下、宿舍里、新楼左边、图书馆旁边、两楼之间

2)「時間を表す名詞＋方位詞」で、ある時間の前、あるいは後を表します。

例：30 天以前、10 年之后、上课之前、下课之后

3)「数量詞＋方位詞」で、ある数より多い、あるいは少ないことを表します。

例：20 以上、10 斤以下、30 公里以外、10 公里以内

❸ よく使われる方位詞

◎上

1) 物体の表面を表します。

例：路上、床上、地上

他的房间很乱，床上、地上到处都是衣物。

2) ある範囲の中あるいは事物のある側面を表します。

例：课堂上、会上、世界上、实际上、基本上

这个孩子很懂事，学习上、生活上从来不用爸爸妈妈操心。

◎下

1) 位置の低いところを表します。

例：桌子下、楼下、树下

楼下有很多孩子在玩耍。

2) 一定の範囲、情況あるいは条件を表します。

例：在……帮助下、在……教育下、在……培养下、在……影响下、在……条件下

在老师和同学的帮助下，他终于考上了理想的大学。

◎中

ある範囲の中を表します。

例：家中、心中、同学们中、印象中

阳光明媚，天空中飘着朵朵白云。

在同学们的印象中，他一直是一个品学兼优的学生。

◇上下

1) 概数を表し、年齢（大人）、重量などによく使われます。

例：三十岁上下、二十斤上下

这个人个子不高，年龄在四十岁上下。

2) 範囲を表す。

例：全国上下、全校上下、举国上下

听到奥运会要在本国举行的消息，全国上下一片欢腾。

◇前后

1) ある時間よりやや早いまたは遅いことを表し、祝祭日・節気などの名詞の前によく使われます。

例：5点前后、春节前后、国庆前后、中秋前后、清明前后

中秋前后，是葡萄大量上市的时间。

2) 抽象的な方向を表す。

例：他说的话前后矛盾。

写文章要前后照应。

3) 開始から終了までの時間を表し、"前前后后"とも言います。

例：他写这本书前后用了12年的时间。

这项工程从动工到完成前前后后用了三年时间。

◇左右

1) だいたいの数量あるいは時間を表します。

例：三斤左右、两点左右、十天左右、三十岁左右

参加婚礼的人有200人左右。

2) 抽象的な方向を表す。

例：这件事让他左右为难。

実戦問題

1 完成句子。

1. 学习　在　一直　我们　联合大学　汉语

2. 前后　的　春节　很难　买到　火车票

3. 三十岁　现在　王老师　左右

4. 三公里　坐出租车　13 块钱　以内　在北京

5. 放着　冰箱里　一瓶　牛奶　刚　买回来的

6. 有　河上　小桥　一座

7. 这条　十二　铁路　年　前前后后　修了

8. 这箱　二十　左右　斤　苹果　有

9. 我　老师　一个　了　问题　问　有趣的

10. 打太极拳　下课　我　以后　去　要

参考解答と訳：

1 文を完成させましょう。

1. 我们一直在联合大学学习汉语。（私たちはずっと聯合大学で中国語を勉強している）
2. 春节前后的火车票很难买到。（春節前後の鉄道の切符は手に入りにくい）
3. 王老师现在三十岁左右。/ 现在王老师三十岁左右。（王先生は今 30 歳前後だ。／今王先生は 30 歳前後だ）
4. 在北京坐出租车，三公里以内 13 块钱。（北京でタクシーに乗ると、3 キロ以内なら 13 元だ）
5. 冰箱里放着一瓶刚买回来的牛奶。（冷蔵庫の中に 1 瓶の買ってきたばかりの牛乳が置いてある）
6. 河上有一座小桥。（川には 1 本の小さな橋がある）
7. 这条铁路前前后后修了十二年。（この鉄道は、始まりから終わりまで敷設に 12 年かかった）
8. 这箱苹果有二十斤左右。（この箱のリンゴは 20 キロ前後ある）
9. 我问了老师一个有趣的问题。/ 老师问了我一个有趣的问题。（私は先生に 1 つのおもしろい問題をたずねた。／先生は私に 1 つのおもしろい問題をたずねた）
10. 下课以后我要去打太极拳。/ 我下课以后要去打太极拳。（放課後に私は太極拳をしに行く。／私は放課後に太極拳をしに行く）

2 看图，用词造句。

1. 不得了

2. 宴会

3. 草地上

4. 傍晚

5. 表情

参考解答と訳：

2 図を見て、単語を使って文を作りましょう。

1. 男孩在雪地里玩儿，高兴得不得了。(男の子は雪の中で遊んで、うれしくてたまらない)

2. 宴会上有很多人在跳舞。(パーティーでたくさんの人がダンスしている)

3. 草地上开满了鲜艳的花朵。(野原であでやかな花がいっぱいに咲いている)

4. 傍晚，她在打太极拳。(夕方、彼女は太極拳をしている)

5. 照片上的人表情很自然。(写真に写っている人の表情は自然だ)

6. 幸福

7. 铺

8. 安慰

9. 称赞

10. 地铁

6. 他们幸福地笑了。(彼らは幸せそうに笑った)

7. 床上铺着一床被子。(ベッドには掛け布団が1枚広げてある)

8. 朋友正在安慰她，让她不要难过。(友達は彼女を慰めて、元気づけている)

9. 她的演出获得了大家的称赞。(彼女の公演は人々にほめたたえられた)

10. 她每天坐地铁上下班。(彼女は毎日地下鉄に乗って通勤する)

新出単語

冰箱	bīngxiāng	（名）	冷蔵庫
铁路	tiělù	（名）	鉄道
修	xiū	（動）	建造する、敷設する
箱	xiāng	（名）	箱
有趣	yǒuqù	（形）	おもしろい
太极拳	tàijíquán	（名）	太極拳
不得了	bùdéliǎo		～でたまらない
宴会	yànhuì	（名）	宴会
鲜艳	xiānyàn	（形）	あでやかである
花朵	huāduǒ	（名）	花（の総称）
傍晚	bàngwǎn	（名）	夕方
表情	biǎoqíng	（名）	表情
自然	zìran	（形）	自然で無理がない
幸福	xìngfú	（形）	幸せである
铺	pū	（動）	敷く、広げる
被子	bèizi	（名）	掛け布団
安慰	ānwèi	（動）	慰める
称赞	chēngzàn	（動）	ほめる
演出	yǎnchū	（動）	上演する
地铁	dìtiě	（名）	地下鉄

復習と練習

1 填入合适的方位词。

上	中	下	里	以内
上下	左右	前后		

1. 床（　　）有两件衣服。

2. 阅览室（　　）有二十几个学生。

3. 从山东威海到北京有 1000 公里（　　）。

4. 这本书太厚了，一个星期（　　）我看不完。

5. 天空（　　）飘着朵朵白云。

6. 在同学们眼（　　），他是个热情的人。

7. 这个会（　　）开了四个多小时。

8. 在老师和同学们的帮助（　　），他终于实现了自己的理想。

9. 看他也就三十岁（　　）的年纪，怎么身体这么差啊。

10. 这种牛奶的保质期是三十天，三十天（　　）必须喝完。

参考解答と訳：

1 ふさわしい方位詞を入れましょう。

1. 床（上）有两件衣服。（ベッドの上に 2 着の服がある）
2. 阅览室（里）有二十几个学生。（閲覧室の中に 20 人あまりの学生がいる）
3. 从山东威海到北京有 1000 公里（左右）。（山東省の威海から北京まで 1000 キロメートル程度ある）
4. 这本书太厚了，一个星期（以内、左右）我看不完。（この本は厚すぎる、1 週間以内［程度］では読み終えられない）
5. 天空（中）飘着朵朵白云。（空に白い雲がいくつも漂っている）
6. 在同学们眼（中、里），他是个热情的人。（クラスメイトの目には、彼は親切な人だ）
7. 这个会（前后）开了四个多小时。（この会は最初から最後まで 4 時間あまりかかった）
8. 在老师和同学们的帮助（下），他终于实现了自己的理想。（先生とクラスメイトたちの援助のもと、彼はついに自らの理想を実現した）
9. 看他也就三十岁（左右、上下）的年纪，怎么身体这么差啊。（彼は見たところ 30 歳程度［前後］の年齢なのに、どうして体がこんなに悪いのだろう）
10. 这种牛奶的保质期是三十天，三十天（以内）必须喝完。（この牛乳の賞味期限は 30 日で、30 日以内に飲み終わらなければならない）

2 改错句。

1. 我最喜欢烤鸭吃，周末我们全聚德去吧。

2. 玛丽唱歌教我们，我们都很高兴极了。

3. 桌子上一本书放着，你看看吧。

4. 同学们每天来学校上课按时，从来不旷课。

5. 他得了冠军，脸上露出痛苦的表情。

6. 春节上下，中国北方常常下雪。

参考解答と訳：

2 間違った文を直しましょう。

1. **我最喜欢吃烤鸭，周末我们去全聚德吧。**（私は北京ダックが何より好物です、週末にみんなで全聚德に行きましょう）

2. **玛丽教我们唱歌，我们都高兴极了。**（マリーが私たちに歌を教えてくれ、私たちはみなとても喜んだ）

3. **桌子上放着一本书，你看看吧。**（机の上に本が1冊あるから、読んでみてよ）

4. **同学们每天按时来学校上课，从来不旷课。**（クラスメイトたちは毎日時間どおりに授業に出ていて、怠けたことはない）

5. **他得了冠军，脸上露出幸福的表情。**（彼は優勝して、顔に幸せそうな表情を浮かべている）

6. **春节前后，中国北方常常下雪。**（春節の前後に、中国の北方ではよく雪が降る）

7. 妹妹过生日的时候，我一本书送给她。

7. 妹妹过生日的时候，我送给她一本书。（妹が誕生日を迎えるとき、私は彼女に本を１冊送る）

8. 他家有四个孩子，他具有一个哥哥和两个妹妹。

8. 他家有四个孩子，他有一个哥哥和两个妹妹。（彼の家には４人の子供がいて、彼には１人の兄と２人の妹がいる）

9. 这次考试他 100 分得了，他高兴不得了。

9. 这次考试他得了 100 分，他高兴得不得了。（今回の試験で彼は 100 点を取り、うれしくてたまらない）

10. 这个周末我要旅行韩国。

10. 这个周末我要去韩国旅行。（この週末私は韓国に旅行に行く）

3 仿照例句，扩写句子。

例句：学生学习汉语。

留学生在教室里认真地学习汉语。

1. 我参加宴会。

2. 我打电话。

3. 这本书有趣。

4. 教室里热闹。

5. 床上有衣服。

6. 春节是节日。

7. 我的愿望是睡觉。

8. 孩子在玩儿。

9. 他拿面包。

10. 花儿开了。

参考解答と訳：

3 例文にならって、文に書き加えましょう。

例：学生は中国語を学ぶ。→留学生は教室の中で真剣に中国語を学んでいる。

1. 这个周末我要去参加大使馆举办的宴会。（この週末私は大使館で行われるパーティーに行く）
2. 我给在成都工作的朋友打了一个长途电话。（私は成都で働いている友達に一度長距離電話をかけた）
3. 我新买的这本漫画书真有趣。（私が新しく買ったこのマンガの本は本当におもしろい）
4. 下课了，教室里一下子热闹起来。（授業が終わると、教室の中はいっぺんに賑やかになる）
5. 床上有几件他新买回来的衣服。（ベッドの上に何着かの彼が新しく買ってきた服がある）
6. 春节是中国人最重要的传统节日。（春節は中国人の最も重要な伝統的祭日だ）
7. 我最大的愿望就是能舒舒服服地睡上一个懒觉。（私の最大の望みは、一度気持ちよく朝寝坊ができたらということだ）
8. 一个七八岁的孩子在花园里玩儿。（1人の7、8歳の子供が花畑で遊んでいる）
9. 他从篮子里拿出了一块面包。（彼はかごからパンを1つ取り出した）
10. 窗台上的那盆花儿终于开了。（窓台の上のあの鉢植えの花がとうとう咲いた）

火曜日

連体修飾語 代名詞

「主語・述語・目的語」を大木の枝と幹に例えるなら、「連体修飾語・連用修飾語・補語」は葉と花になるでしょう。枝と幹だけで葉も花もない大木は、美しくないだけでなく、正常に育って茂ることもできません。そのためHSKの試験対策では、「連体修飾語・連用修飾語・補語」の用法をいいかげんに理解していてはいけません。では、どうすれば文に「花」や「葉」を加えたらいいかを勉強しましょう。今日は、連用修飾語を学びます。

単語の部分では、「代名詞」について詳しく見ていきます。

■要点のまとめ
連体修飾語のはたらき／"的"／複数の連体修飾語の順序／代名詞

一、連体修飾語

今日は、文の中で名詞的な単語を修飾する成分である連体修飾語を学びます。文の中で主に名詞的な主語や目的語を修飾します。基本構造はこうなっています。

（連体修飾語）主語＋述語＋（連体修飾語）目的語

連体修飾語を使うとき、どんなことに注意すればいいでしょうか？

（一）連体修飾語のはたらき

❶ 限定的な連体修飾語は、数量・所属・場所・範囲・時間などの面から名詞を限定します。

例：他这学期选了（五门）课。　（数量を限定する）
（爸爸）的办公室在五层。　（所属を限定する）
（教室里）的同学都要到外面去。　（場所を限定する）
（全校）同学都参加了（这次）运动会。　（範囲を限定する）
（今年）的地质灾害比较频繁。　（時間を限定する）

❷ **描写的な連体修飾語は、性質・状態などの面から名詞を修飾・描写します。**

例：这只（木）箱子里装的全是书。　　　　　（性質を描写する）
（重要）文件必须及时送达，不能耽误。　　（性質を描写する）
突然，一个（胖乎乎）的小孩出现在我面前。（状態を描写する）
（绿油油）的草地上，几只小鸭子在散步。　（状態を描写する）

（二）連体修飾語と“的”の組み合わせ

“的”は連体修飾語であることを表す助詞で、連体修飾語の後や、修飾される語の前に多く使われます。ただし、その使い方には一定の制限があります。

❶ **名詞を連体修飾語とするとき：所属・時間・場所の関係を表すものに“的”を用いますが、性質を表すものには“的”を用いません。**

例：朋友的书、今天的报纸、左边的座位
中国人、英语老师

❷ **代名詞を連体修飾語とするとき：所属・場所を表すものは一般的に“的”を用いますが、修飾される語が親族・国家・職場などの名称であるとき、ふつう“的”を用いません。**

例：你的本子、这儿的习俗
我妈妈、我们公司

❸ **形容詞を連体修飾語とするとき：2音節の単語には“的”を用いますが、1音節の単語には“的”を用いません。**

例：晴朗的天、干净的衣服、美丽的花园
红花、新衣服、好人

❹ **動詞・さまざまなフレーズを連体修飾語とするとき：一般的にすべて“的”を用います。**

例：写的字、五点开的火车、朝南的窗户、刚做好的蛋糕

（三）複数の連体修飾語の順序

文の中の連体修飾語は１つではないことも多く、いくつかの連体修飾語が同時に１つの名詞的な単語を修飾することもあります。では、こういった連体修飾語は、どんな順序で並べればいいのでしょうか？　好きなように置いたり、でたらめに並べたりしてはいけません。

一般的に、限定的な連体修飾語は前に、数量フレーズは中間に、描写的な連体修飾語は後に置きます。具体的には、複数の連体修飾語の順序は一般的にこうなっています。

❶ 所属を表す名詞・代名詞・フレーズ
❷ 時間・場所を表す単語
❸ 指示代名詞あるいは数量詞
❹ 動詞的な単語あるいは主述フレーズ・介詞フレーズ
❺ "的"をともなう形容詞的な単語
❻ "的"をともなわない形容詞あるいは性質を表す名詞・動詞

例文を見てみましょう。

例：她买了（一条）（产自内蒙古的）（绿色）（羊毛）围巾。
❸ ❹ ❻ ❻

大连是（辽宁省）（一个）（很美丽的）（旅游）城市。
❶ ❸ ❺ ❻

（小时候）（妈妈讲的）（那些）（美丽动人的）故事我还记得。
❷ ❹ ❸ ❺

二、代名詞

代名詞は代替・指示のはたらきを持つ単語で、人称代名詞・指示代名詞・疑問代名詞があります。

（一）人称代名詞

❶"你、我、他、她、它、你们、我们、他们、咱们、自己、大家、人家"な

どを含みます。

❷ “我们、咱们”の用法

1) “我们、咱们”は話し手と聞き手の両方を含むことができます。

例：下雨了，咱们（我们）快点儿走吧。　（話し手と聞き手の両方）

2) “我们”は話し手のみを指すこともできます。

例：谢谢你们的热情招待，我们（咱们 ×）这就告辞了。（話し手のみ）

❸ “人家”の用法

1)「ほかの人、よその人」を指し、広く話し手と聞き手以外の人を表します。

例：我听人家说你打算去西安旅游是吗？

2)「私、自分」〔話し手〕を指します。

例：我这么喜欢你，你怎么不明白人家的一片心意呢？

3)「特定の人」〔会話の中で話題にしている人〕を指します。

例：你看人家小李学习多用功啊！

（二）指示代名詞

❶ 人・事物を示す代名詞

1) “这、那”は特定の人やものごとを指します。

例：这（那）是我们学校新建的教学楼。
　　这位同学是二年级一班的。

2) “这儿、这里、那儿、那里”は名詞の後で場所を表します。

例：下午我要去李老师那儿一趟。　（李先生のいる場所）
　　把东西放在我这里吧。　（私のいる場所）

3) “这时、那时、这会儿、那会儿”は時間の遠近を表し、“这时、这会儿”は近い時を、“那时、那会儿”は遠い時を表します。

例：这时，一个声音传了过来。　（近い時）
　　我去年二月来中国，那时一句汉语也不会说。　（遠い時）

❷ 程度・方式・性質や状態を示す代名詞

1) “这么、那么、这（么）样、那（么）样”＋動詞／形容詞は、程度・方式を表します。

例：你这么关心我，我太感动了。

问题没那么严重。

他经常这样发脾气。

她的舞跳得那样好，大家都忍不住赞叹。

2) “这么、那么”は数量詞の前に用い、数量が多い、あるいは少ないことを表します。

例：这么点儿（少ない）、这么一大堆（多い）

就这么几个人，什么时候才能把工作做完？（少ない）

3) “这样、那样”は性質・状態を表し、名詞を直接修飾するとき、名詞の前には“的”が必要です。

例：他不是那样的人。

这样的事情已经发生好几次了。

❸ “各”の用法

1) 一部の量詞を伴うことができます。

例：各位同学、各项工作、各门功课

各位参加运动会的同学，请按顺序入场。

2) 名詞を伴うことができます。

例：各地、各市、各单位、各家

奥运会上有来自世界各国的运动员。

❹ “每”の用法

1) “每＋数量詞”は、よく“都”と組み合わせます。数量詞が“一”のときは、よく省略されます。

例：每人、每年、每个、每次、每两天

这个饭馆里的每道菜我都很喜欢吃。

他每年都要回一次故乡。

每两个星期进行一次小测验。

2) “每当……的时候”は、ある規則性を表します。〔……たびに〕

例：每当下雨的时候，我就会想起那一天。

（三）疑問代名詞の特殊な用法

❶ 例外なく指すときは、“疑問代名詞＋都 / 也……”の文型を用います。

〔どんな人も……、どんなもの・ことも……〕

例：这次活动谁都不感兴趣。

无论什么意见，我都接受。

❷ 特定の人やものごとを指さないときは、“谁……谁……、什么……什么……”の文型を用います。

〔……なら誰でも、……なら何でも〕

例：谁想去参观，谁就可以报名。

你想吃什么我们就去吃什么。

❸ 不特定のものを指します。指示する対象が分からない、言えない、説明の必要がない人やものごとの場合に用います。〔誰か、何か、いつか、どこか〕

例：我好像在哪儿见过那个人。

什么时候咱们聚在一起热闹热闹。

❹ 反語を表し、否定的な単語が強調されていれば肯定を、肯定的な単語が強調されていれば否定の意味になります。

例：我怎么能不去呢？（必ず行く）

哭什么？ 又不是什么了不起的大事。（泣かなくてよい）

❺ “没什么、不怎么”は何かをする重要性がない、価値がないことを表し、語気を弱めるはたらきをします。

例：没什么好看的，走吧。

这本书不怎么好看，别买了。

実戦問題

1 完成句子。

1. 我　买了　裙子　一条　真丝
   蓝色

2. 最多的　是　中国　国家　世界上
   人口

3. 旅游　杭州　美丽的　是　一个
   城市

4. 弟弟　穿着　旧　那件　衬衣
   去年穿过的

5. 城墙　一座　这是
   有 600 多年历史的　明代

6. 民间故事　那个　古代　老师讲的
   真是感人

7. 工人　我见到了　作家　那位
   写过小说的

8. 地质学家　发掘出　瓷器　了　一批
   古代

9. 进行　这些　运动员
   五个项目的训练　要

10. 这个学期的　请你　去三楼　交
    住宿费

参考解答と訳：

1 文を完成しましょう。

1. 我买了一条蓝色真丝裙子。（私は 1 着の青いシルクのスカートを買った）
2. 中国是世界上人口最多的国家。/ 世界上人口最多的国家是中国。（中国は世界で人口が最も多い国だ。／ 世界で人口が最も多い国は中国だ）
3. 杭州是一个美丽的旅游城市。（杭州は［1 つの］美しい観光都市だ）
4. 弟弟穿着去年穿过的那件旧衬衣。（弟は去年着ていたあの古いシャツを着ている）
5. 这是一座有 600 多年历史的明代城墙。（これは［1 つの］600 年あまりの歴史がある明代の城壁だ）
6. 老师讲的那个古代民间故事真是感人。（先生が話したあの古代の民間説話は本当に感動的だ）
7. 我见到了那位写过小说的工人作家。（私は小説を書いたあの労働者作家を見かけた）
8. 地质学家发掘出了一批古代瓷器。（地質学者は一連の古代の磁器を発掘した）
9. 这些运动员要进行五个项目的训练。（このスポーツ選手たちは、5 つの競技のトレーニングをする）
10. 请你去三楼交这个学期的住宿费。（［あなたは］3 階に行って今学期の宿泊費を払ってください）

2 看图，用词造句。

1. 劳动

2. 深刻

3. 故乡

4. 吹

5. 姑娘

参考解答と訳：

2 図を見て、単語を使って文を作りましょう。

1. 工人们每天都在辛勤地劳动着。（労働者たちは毎日みな勤勉に働いている）

2. 李老师的课给我留下了深刻的印象。（李先生の授業は私たちに深い印象を残した）

3. 我的故乡是北京，那里有八达岭长城。（私のふるさとは北京で、そこには八達嶺の長城がある）

4. 小伙伴们在一起吹蜡烛。（幼い仲間たちは一緒にろうそくを吹いている）

5. 照片中的姑娘长得真漂亮！（写真の中の娘さんは本当に綺麗だ！）

6. 善于

6. 他是一个善于思考的人，总是有很多好主意。（彼は［1人の］思考力に優れた人で、いつもたくさんのアイデアを持っている）

7. 严肃

7. 他的表情很严肃。（彼の表情はまじめだ）

8. 古典

8. 屋子里的家具很有古典美。（部屋の中の家具にはクラシックな美しさがある）

9. 观察

9. 小女孩在认真地观察植物。（女の子は真剣に植物を観察している）

10. 告诉

10. 妹妹告诉姐姐一个秘密。（妹は姉に1つの秘密を伝えた）

新出単語

真丝	zhēnsī	（名）	シルク
人口	rénkǒu	（名）	人口
杭州	Hángzhōu	（名）	杭州（浙江省の省都）
城墙	chéngqiáng	（名）	城壁
明代	Míngdài	（名）	明（中国の王朝名、1368-1644 年）
民间	mínjiān	（名）	民間
感人	gǎnrén	（形）	感動させる、感動的である
地质学	dìzhìxué	（名）	地質学
发掘	fājué	（動）	発掘する
瓷器	cíqì	（名）	磁器
训练	xùnliàn	（動）	訓練する
住宿	zhùsù	（動）	泊まる
劳动	láodòng	（動）	働く、肉体労働をする
辛勤	xīnqín	（形）	勤勉である
深刻	shēnkè	（形）	深刻である、深い
故乡	gùxiāng	（名）	ふるさと
八达岭	Bādálǐng	（名）	八達嶺（北京市西北居庸関外にある山の名、万里の長城の観光地）
吹	chuī	（動）	吹く
伙伴	huǒbàn	（名）	仲間
蜡烛	làzhú	（名）	ろうそく
姑娘	gūniang	（名）	娘、女の子
善于	shànyú	（動）	～が上手である
严肃	yánsù	（形）	厳粛である、まじめである
古典	gǔdiǎn	（形）	古典、クラシック
观察	guānchá	（動）	観察する
植物	zhíwù	（名）	植物

復習と練習

1 选择适当的词语填空。

这 自己 人家 我 你 那儿

1. (　　) 王师傅一向守时, 从不迟到。

2. 他努力学习的精神深深感动了(　　)。

3. (　　) 怎么想我不管, (　　) 只知道我应该怎么做。

4. (　　) 台洗衣机是全自动的, 可以 (　　) 漂洗, (　　) 进水排水, (　　) 甩干并停机。

5. 来, 帮 (　　) 把 (　　) 桌子搬到书柜 (　　)。

那么 这么 怎么 怎样 什么

6. 这里不像南方有 (　　) 多的降雨。

7. 女儿 (　　) 爱好文学, 让她去读中文系吧。

8. 你 (　　) 了? 肚子疼吗?

参考解答と訳：

1 ふさわしい単語を選んで空欄を埋めましょう。

1. (人家) 王师傅一向守时, 从不迟到。(あの王先生はいつも時間を守り、遅刻したことがない)
2. 他努力学习的精神深深感动了 (我)。(彼が真剣に学習する態度は私を深く感動させた)
3. (你) 怎么想我不管, (我) 只知道我应该怎么做。(あなたがどう思おうとかまわない、私はただ自分がどうすべきか知っているだけだ)
4. (这) 台洗衣机是全自动的, 可以 (自己) 漂洗, (自己) 进水排水, (自己) 甩干并停机。(この洗濯機は全自動で、自分ですすぎ、自分で注水・排水し、自分でタンブラー乾燥して停止する)
5. 来, 帮 (我) 把 (这) 桌子搬到书柜 (那儿)。(来て、私がこのテーブルを本棚のところまで運ぶのを手伝って)
6. 这里不像南方有 (那么) 多的降雨。(ここは南方ほど降水が多くない)
7. 女儿 (这么、那么) 爱好文学, 让她去读中文系吧。(娘はこんなに〈あんなに〉文学が好きなのだから、彼女を中国文学科に勉強に行かせましょう)
8. 你 (怎么) 了? 肚子疼吗? (あなたはどうしたのですか? お腹が痛いのですか?)

9. 这么重的石头，那时是（　　　）运上山的呢？

10. 你喜欢（　　　）玩具，告诉我，我给你买。

9. 这么重的石头，那时是（怎样、怎么）运上山的呢？（こんなに重い石を、そのときどうやって山の上に運んだのだろう？）

10. 你喜欢（什么）玩具，告诉我，我给你买。（あなたが何のおもちゃが好きか、私に教えて、[私があなたに] 買ってあげる）

2 改错句。

1. 我难道不知道这是什么回事？

2. 他平时不怎样爱说笑。

3. 前几天来看我的这位朋友是我在中国认识的。

4. 这两盆花是从张老师搬来的。

5. 我学习的成绩不太好。

参考解答と訳：

2 間違った文を直しましょう。

1. 我难道不知道这是怎么回事？（私はまさかこれがどういうことか分かっていないのだろうか？）

2. 他平时不怎么爱说笑。（彼は普段それほどおしゃべりが好きではない）

3. 前几天来看我的那位朋友是我在中国认识的。（数日前私に会いに来たあの友人は［私が］中国で知り合ったのだ）

4. 这两盆花是从张老师那儿搬来的。（この2鉢の花は張先生のところから運んできたものだ）

5. 我的学习成绩不太好。（私の勉強の成績はあまり良くない）

6. 对大部分人来说，旅游是有趣一件事。

6. 对大部分人来说，旅游是一件有趣的事。（大部分の人にとって、旅行は［1つの］おもしろいことだ）

7. 我有一本的中文的书。

7. 我有一本中文书。（私は1冊の中国語の本を持っている）

8. 这是一张从画报上剪下来彩色照片。

8. 这是一张从画报上剪下来的彩色照片。（これは［1枚の］グラビア雑誌から切り取ったカラー写真だ）

9. 他一位是有三十年教龄的老教师。

9. 他是一位有三十年教龄的老教师。（彼は［1人の］30年の教歴のあるベテラン教師だ）

10. 中国是一个有着悠久历史灿烂文化国家。

10. 中国是一个有着悠久历史和灿烂文化的国家。（中国は［1つの］悠久の歴史と輝かしい文化を持つ国だ）

3 仿照例句，缩写句子。

例句：街边的公园里有一个老人坐在长椅上休息。
公园里有一个老人。

1. 学校附近的商店里在减价卖一些日常生活用的东西。

2. 一辆银灰色的小汽车在宽阔的马路上飞快地开着。

3. 一些学生在教室里叽叽喳喳地讨论着关于春游的问题。

4. 桌子上放着一本刚买回来的杂志。

5. 姐姐穿着一件朋友送给她的绿色连衣裙。

6. 王府井是北京最繁华的街道之一。

7. 我对这次逃课去看比赛感到非常后悔。

8. 奥运会增进了世界各国人民的相互了解。

9. 他们每两个星期进行一次小测验。

10. 改革开放对中国经济发展起了很大的促进作用。

参考解答と訳：

3 例文にならって、文を要約しましょう。

例：街角の公園にベンチに座って休んでいる1人の老人がいる。
→公園に1人の老人がいる。

1. 商店里在卖东西。（店の中で品物を売っている）

2. 汽车开着。（車が走っている）

3. 学生讨论问题。（学生は問題を議論している）

4. 桌子上放着杂志。（机の上に雑誌が置いてある）

5. 姐姐穿着连衣裙。（姉はワンピースを着ている）

6. 王府井是街道。（王府井は大通りだ）

7. 我感到后悔。（私は後悔を感じている）

8. 奥运会增进了解。（オリンピックは理解を増進した）

9. 他们进行测验。（彼らはテストを行う）

10. 改革开放起作用。（改革開放は役割を果たした）

水曜日

連用修飾語 動詞

名詞的な主語と目的語は、連体修飾語の修飾を受けてかなり豊かになりますが、文の中で最も重要な述語部分も、もちろん負けてはいられません。今日勉強するのは、述語を修飾する語——連用修飾語です。

単語の部分では、動詞の文法的特徴と、一部の特殊な動詞を紹介します。

■要点のまとめ：
連用修飾語のはたらき／連用修飾語の位置／"地"／複数の連用修飾語の順序／動詞

一、連用修飾語

連用修飾語は動詞・形容詞の修飾に用い、文の中では述語部分の修飾成分となります。連用修飾語は連体修飾語と同じく、そのはたらきは限定と描写です。基本構造はこうなっています。

（連体修飾語）主語＋［連用修飾語］述語＋（連体修飾語）目的語

連用修飾語を使うとき、どんなことに注意すればいいでしょうか？

（一）連用修飾語のはたらき

❶ 限定的な連用修飾語は、場所・時間・対象・程度・目的・範囲などの面から述語を限定します。

例：他［在电影院］看电影。　（場所を限定する）
我们［每天 8 点 10 分］上课。　（時間を限定する）
老师们［对学生］［非常］热情。　（対象・程度を限定する）
［为了学习汉语］，他们不远万里来到中国。　（目的を限定する）
孩子们［都］来了。　（範囲を限定する）

❷ 描写的な連用修飾語は、動作あるいは動作者の状況を修飾して描写し、通

常は形容詞が使われます。

例：大家把教室［彻底］打扫了一遍。　（動作を描写する）
天色［渐渐］地暗了下来。　（動作を描写する）
孩子们［目不转睛］地盯着老师。　（動作者を描写する）
她［幸福］地和王子生活在一起。　（動作者を描写する）

（二）連用修飾語の位置

連用修飾語に使うことのできる単語は多く、違う種類の連用修飾語は文中での位置が異なります。よく見られるのは、以下のものです。

❶ 主語の後。描写的な連用修飾語、一部の限定的な連用修飾語は主語の後に置きます。

例：他［默默］地擦干了泪水。
你们［把行李］放在屋里吧。

❷ 主語の前。時間名詞、および“关于、至于”で構成される介詞フレーズは主語の前に置きます。

例：[傍晚]，太阳落山了，天气凉快了下来。
[关于这个问题]，我还没考虑好。
[至于具体怎么做]，我还没想好。

❸ 主語の前後どちらでもよい。“忽然、突然、一时、的确”などの単語、一部の場所を表す連用修飾語は主語の前後どちらに置いてもかまいません。

例：[的确]，他［这样］想过。　他［的确］［这样］想过。
[在那儿]，他生活得很愉快。　他［在那儿］生活得很愉快。

（三）連用修飾語と“地”

連用修飾語であることを表す助詞は“地”です。“地”は連用修飾語と述語の間によく用いられますが、その使い方にも一定の制限があります。

❶ 一部の副詞、時間名詞、介詞フレーズが限定的な連用修飾語となるとき、一般的に“地”を用いません。

例：我们得［马上］采取有效措施。
我们［在校园里］散步。

❷ 一部の多音節の形容詞、各種フレーズが描写的な連用修飾語となるときや、動作者を描写するとき、一般的に“地”を加えます。ただし、動作・変化を描写する一部の連用修飾語は、強調するときは“地”を用いますが、強調しないときは使わなくてもかまいません。単音節形容詞が連用修飾語となるときは、一般的に“地”を用いません。

例：她［高兴］地笑了。
她［打扮得漂漂亮亮］地出去了。
他又把信［仔细］（地）看了一遍。
姐姐［慢］走。

（四）複数の連用修飾語の順序

連用修飾語も、文の中にいくつも同時に現れることがよくあります。その順序は比較的フレキシブルですが、一定のルールがあるんですよ！　連用修飾語の並べ方は一般的にこうなっています。

❶ 時間を表す連用修飾語
❷ 語気・関連・頻度・範囲を表す連用修飾語
❸ 場所を表す連用修飾語
❹ 動作者を描写する連用修飾語
❺ 空間・方向・経路を表す連用修飾語
❻ 目的・根拠・対象を表す連用修飾語
❼ 動作を描写する連用修飾語

例文を見てみましょう。

例：［整整一个下午］，他［都］［在实验室里］［紧张地］工作着。
❶ ❷ ❸ ❼
我［激动地］［从盒子里］［把礼物］拿了出来。
❹ ❺ ❻
你［给我们］［详细］介绍一下。
❻ ❼

二、動詞

(一) 動詞の分類

動詞は、以下の数種類に分けられます。
動作・行為を表すもの　例：吃、听、看、读、学习、研究
心理的活動を表すもの　例：爱、想、喜欢、恨
存在・変化・消失を表すもの　例：有、在、开始、发展、变化、消失
判断を表すもの　例：是
能願動詞　例：能、会、可以、应该
方向を表すもの　例：来、去、上、进、下去、起来

(二) 動詞の文法的特徴

❶ 動詞は文の中で主に述語となり、副詞の修飾を受けることができます。一部の心理的活動を表す動詞や能願動詞は、程度副詞の修飾を受けることができます。

例：我很喜欢他。
　　我非常愿意接受你的建议。

❷ 多くの動詞の後には"着、了、过"をともなうことができ、動作の状態を表します。

例：听着歌、看了一本书、去过长城

❸ 多くの動詞は目的語をともなうことができます。

例：看电影、吃烤鸭

❹ 否定には"不、没"を用います。

例：不听、没学习

❺ 肯定・否定を並列して疑問を表すことができます。

例：在不在、吃不吃

❻ 離合詞の間に"了"、"过"、形容詞、数量フレーズを入れることができます。

例：见了面、结过婚、睡大觉、游一次泳

❼ 一部の動詞は目的語をともなうことができません。

例：着想、休息、毕业、出发、送行、生活、前进、失败、旅游

❽ 一部の動詞は述語となる目的語しかともなうことができません。

例：开始、进行、主张、希望、打算、觉得、以为、认为

(三) 動詞の重ね

❶ 重ねの方式：

ＡＡ　Ａ了Ａ　Ａ一Ａ　ＡＢＡＢ　ＡＢ了ＡＢ

ＡＡ方式では、２番目の動詞はふつう軽声で読みます。

例：看看、听了听、想一想、休息休息、锻炼了锻炼

❷ 語気の違い：

1) “Ａ了Ａ”“ＡＢ了ＡＢ”はすでに起こった動作に用い、一般的に短い時間に行ったことを示します。

例：这道菜我尝了尝，味道不错。

医生看了看他的嗓子，又听了听他的肺部，说：“你感冒了！”

2) 動詞の重ねは常に「試しにやってみること」を表し、後ろにはよく“看”を加えます。

例：这道菜味道不错，你试试看。

听说这个音乐会不错，我们去听听看吧。

3) 命令文では、語気をゆるめるはたらきをします。

例：忙了半天了，您休息休息吧！

我的笔呢？快帮我找找！

4) 複数の動詞をそれぞれ重ねて並べることで、列挙を表し、気軽で気ままな語気になります。

例：周末的时候，我一般看看书、洗洗衣服什么的。

跑跑步、打打球都是不错的运动休闲方式。

❸ 使い方の制限

1) 動詞の重ねは一般的に口語だけに用い、公的な文書など正式な文体では用いません。

例：敬请领导检查工作。(检查检查 ×)

2) 動作が進行しているとき、同時に２つ以上の動作が進行しているとき、動詞の後に“着､过”をともなう場合は、動詞を重ねることはできません。

例：我正在休息，他来了。

他一边唱歌一边跳舞。

我读过很多古典小说。

3) 修飾・制限のはたらきをする動詞を重ねることはできません。

例：刚才看的那部电影挺有意思的。

4) 補語をともなう動詞は重ねることができません。

例：我等了他半个小时。

作业做完了。

(四) 特殊な動詞述語文

❶ "是"構文

1) ものごとが何かに等しいことを表し、主語と目的語は入れ替えできます。

例：十月一日是中国的国庆节。　中国的国庆节是十月一日。

他来中国的目的是学习汉语。学习汉语是他来中国的目的。

2) 判断を表し、主語と目的語は入れ替えできません。

例：春节是中国的传统节日。

杭州西湖是著名的旅游景点。

3) 存在を表し、主語は場所詞であり、主語と目的語は入れ替えできません。

例：公园里到处都是人。

图书馆旁边是一个小树林。

4) "是"の後ろに"着、了、过"などの動態助詞を加えることはできません。文末には語気助詞"了"を加えることができ、ある状況の変化を表します。

例：这辆汽车以前是他的。

把钥匙拿去吧，这间屋子以后是你的了。

5) "是"の否定には"不"を用います。疑問文は"是……吗？""是不是……？"となります。

例：我说的那个人不是他。

你是中国人吗？　你是不是学生？

6) "是"に"的"を加えて"是……的"フレーズとなり、判断を表します。

例：这些书都是图书馆的。

你说的是对的。

❷ “在”構文

1) “在”構文は存在を表し、よく見られる構成は“名詞（人やものごと）+在+場所詞”です。

例：他在图书馆。
餐厅在一楼。
词典在书柜里。
大门在东边。

2) “在”の後ろには“着、了、过”を加えることはできません。時間詞を加えたい場合は、前に置きます。

例：昨天上午，我在宿舍休息。
他刚才还在这儿呢。

3) “在”構文の否定には一般的に“不”を用います。可変的な人やものごとには、状況に応じて“没”を使うことができます。

例：图书馆不在这儿，在这座楼后边。 今天下午我不在家。
他没在这儿，可能去了办公室。

❸ “有”構文

1) 存在を表し、よく見られる構成は“場所詞・時間詞+有+名詞的な単語”です。

例：教室里有很多学生。
现在离考试结束还有 15 分钟。

2) 所属・所有を表し、よく見られる構成は“名詞的な単語（多くは有生物）+有+名詞的な単語”です。

例：人人都有两只手。
我们都有属于自己的秘密。

3) “有+了”で、変化を表します。

例：最近，他的汉语有了明显进步。
她又有了一个新男朋友。

4) “有+过”で、かつてあったことを表します。

例：他有过出国的机会，可他放弃了。
她从来没有过那种想法。

5) “有”は一般的に程度副詞の修飾を受けません。ただし、目的語の表すものが主語に備わる性質であり、かつ抽象名詞である場合、“有”は程度副詞の修飾を受けることができます。

例：这个青年非常有头脑。

小王颇有领导才能。

6) “有”構文の否定には“没”を用います。疑問文は“有……吗？”“有没有……？”となります。

例：他没有女朋友。

你有中国朋友吗？你有没有中国朋友？

（五）能願動詞

能願動詞は3種類に分けられます。

願望を表すもの　例：要、想、愿、愿意、情愿、肯、敢

可能を表すもの　例：可能、能、能够、可以、可、会

必要を表すもの　例：应该、应、应当、该、得（děi）、要

❶ 能願動詞の主な用法

1) 能願動詞は一般的に動詞（フレーズ）・形容詞（フレーズ）・主述フレーズの前に置き、それらとともに述語部分を作ります。

会話の中では、ほとんどの能願動詞は単独で述語となることができます。

例：这里的水果不会很贵。

我可以帮你复习功课。

——你愿意嫁给我吗？——愿意！

2) 多くの能願動詞は前に“也、一定、不”などの副詞を使って修飾することができ、疑問文は反復疑問文の形にすることができます。

例：我吃米饭也可以，吃面条也可以。

这件事我应（应该）不应该告诉他呢？

3) 能願動詞は重ねることができません。後ろに“着、了、过”などの動態助詞を直接つなげることができません。

例：你应该应该早点儿去。（×）

你能了看懂英文吗？（×）

4) 能願動詞は“把、被”などの介詞フレーズや描写的な連用修飾語の前に置きます。

例：我们应该把这个问题仔细考虑一下。

买东西的时候，你要好好挑一挑。

5) 同じ文の中で、能願動詞を置く場所が違えば、表す意味も違います。

例：你能这个周末来吗？（「この週末」を強調）

你这个周末能来吗？（「来られるかどうか」を強調）

❷ よく使われる能願動詞

◇ 会、能、可以

1) 主観的な意思を表す場合、“会”を用います。

例：你放心，明天我会准时来的。

我不会同意你这么做的。

2)「可能性がある」という推測を表す場合、一般的に“会、能”を用います。

例：——下雨了，他会（能）来吗？——我觉得他会（能）来。

3) 学習によってある技能を習得したことを表す場合、“会”を使うことが多く、“能”を使うこともできます。

例：我会（能）说一点儿韩语。

——他会开车吗？——会！

4) 何かをするのに優れていることを表す場合、“能……善……、能……会……、能……能……”などの形を用いることができます。

例：她多才多艺，能歌善舞。

他高中毕业，能写会算。

他是一个能文能武的人才。

5) 何かの能力があって、ある程度に達している場合、またはもとの能力が回復した場合、よく“能”を用います。

例：他一次能喝 10 瓶啤酒。

他病好了，又能游泳了。

6) 客観的な条件や人情・道理のうえで行えることを表す場合、肯定文ではよく“能、可以”を用い、否定文では一般的に“能”を用います。

例：雨后人们常常能看到彩虹。

我明天可以再来一次。

他喝酒了，不能开车。

7) 何かの用途があることを表す場合、“能、可以”を用います。

例：欣赏音乐可以（能）缓解人们的紧张情绪。

8) 何かをする価値があることを表す場合、"可以"を用います。

例：这部电影挺好的，你可以去看看。

9) "可以"は"得（de）"の後ろに置くことができ、程度の高さや「ますます良い」ことを表します。

例：这两天天气冷得可以。（程度の高さを表す）

他考得还可以。（「ますます良い」ことを表す）

◇该、应该、得（děi）

1) 人情・道理のうえでそうあるべきことを表す場合、"该、应该、得"を用います。"得"は口語で用いることが多く、語気は"该、应该"より肯定的で、よく"可得"と言います。

例：你已经长大了，该（应该、得）多帮妈妈做点儿事了。

他是个骗子，你可得小心点儿。

2) 状況に対する推測を表す場合、よく"该、应该"を用います。

例：这是新买的手机，该（应该）不会坏的。

3) "得"は見積もりや推測を表す場合、語気は"该、会"より肯定的であり、よく"准得、早晚得"などと言います。

例：你开这样的玩笑，她准得生气。

4) 仮定文の中の後半の節では、推測を表す場合、"该"を用います。

例：如果你再不回家，爸爸妈妈该多着急啊!

5) ある順序に沿って誰かに順番が回ってくることを表すとき、"该"を用います。

例：我们都发过言了，该你了。

6) "应该"は"是……的"構文にも使うことができ、心情・道理上そうあるべきことを表します。

例：你这么做是应该的。

◇**要、想**

1) "要""想"は能願動詞となる場合、いずれも主観的な願望を表し、否定は"不想"となります。

例：我要回老家看看。　我很想看这部电影。

我不想回老家。　我不想看这部电影。

2) "要"は能願動詞となる場合、ある場合には「……すべきだ」の意味となり、要望や注意を表します。

例：向别人道歉的时候态度一定要诚恳。

领导干部要和群众打成一片。

3) “要”は能願動詞となるほか一般動詞となることもでき、「必要だ、欲しい」などの意味を表します。

例：这套西服要 900 元。

我要一瓶啤酒。

4) “要”は接続詞となることもでき、「もしも」の意味となります。

例：周末要有事，就打我的手机。

你在上海要见到他，就代我向他问好。

5) “要”は能願動詞として、ある状況が間もなく生まれることも表し、「もうすぐ……する」の意味となります。

例：我们要回国了，真舍不得啊!

台风要来了，请市民们注意。

6) “要”は能願動詞として、“比”構文にも用いることができ、ある観点や推測を表します。

例：坐飞机比坐火车要快得多。

7) “想”は心理的活動を表す動詞となることもでき、「思考・回想・推測・計画・懐かしさ」などを表します。

例：不要着急，要想好了再说。　（思考）

想起从前，他不由得流下了眼泪。（回想）

実戦問題

1 完成句子。

1. 早早地　妈妈　准备好了　就　饭菜　一桌
2. 收购价格　国家　提高了　有计划地　农副产品的
3. 的确　他　是　一个　人　很有智慧的
4. 老师　热情地　总是　辅导　学习汉语　我们
5. 在一个宿舍　我们　以前　一起　三年　住了
6. 旅游了　小李　去国外　这段时间
7. 老师　做实验　正在　学生　实验室　教
8. 也　他们　都　不喜欢　游戏　这种
9. 了　一会儿　我们　一起　昨天　聊天

参考解答と訳：

1 **文を完成しましょう。**

1. **妈妈早早地就准备好了一桌饭菜。**（お母さんは早々と食卓のおかずを用意した）
2. **国家有计划地提高了农副产品的收购价格。**（国は計画的に農産物と副産物の買い上げ価格を引き上げた）
3. **他的确是一个很有智慧的人。**（彼は確かに［1人の］知恵のある人だ）
4. **老师总是热情地辅导我们学习汉语。**（先生はいつも熱心に私たちが中国語を学ぶのを指導してくださる）
5. **我们以前在一个宿舍一起住了三年。/ 以前我们在一个宿舍一起住了三年。**（私たちは以前1つの宿舎で一緒に3年間暮らした。／以前私たちは1つの宿舎で一緒に3年間暮らした）
6. **小李这段时间去国外旅游了。/ 这段时间小李去国外旅游了。**（李さんはこの時期海外旅行に行っている。／この時期李さんは海外旅行に行っている）
7. **老师正在实验室教学生做实验。**（先生はいま実験室で学生が実験をするのを教えている）
8. **他们也都不喜欢这种游戏。**（彼らもみなこういったゲームが好きではない）
9. **昨天我们一起聊了一会儿天。/ 我们昨天一起聊了一会儿天。**（昨日私たちは一緒にしばらくお喋りした。／私たちは昨日一緒にしばらくお喋りした）

10. 周末　转转　我们　去　赛马场　想

[2] 看图，用词造句。

1. 朋友

2. 时尚

3. 故事

4. 葡萄

10. 周末我们想去赛马场转转。/ 我们想周末去赛马场转转。/ 我们周末想去赛马场转转。（週末私たちは競馬場に見物に行きたい。／私たちは週末競馬場に見物に行きたい。／私たちは週末競馬場に見物に行きたい）

参考解答と訳：

[2] 図を見て、単語を使って文を作りましょう。

1. 两个好朋友在一起看书。（2 人の親友が一緒に本を読んでいる）

2. 她的衣服都很时尚。（彼女の服はみなファッショナブルだ）

3. 这是一本古老的故事书。（これは［1 冊の］古い物語の本だ）

4. 秋天到了，果园里的葡萄熟了。（秋が来て、果樹園のぶどうが熟した）

5. 快

5. 这个女孩正在滑冰，她的速度很快。（この女の子はスケートをしているところで、彼女のスピードは速い）

6. 身材

6. 为了身材更好，她天天运动。（もっとスタイルをよくするため、彼女は毎日運動している）

7. 双

7. 我买了一双漂亮的鞋子。（私は［1足の］きれいな靴を買った）

8. 沙发

8. 客厅里的沙发舒服极了。（客間のソファーはとても気持ちいい）

9. 可爱

9. 你看，多么可爱的大熊猫啊！（ほら見て、なんて可愛いパンダでしょう！）

10. 打架

10. 她们两个在打架，表情很难看。（彼女たち2人はけんかしているところで、表情が険しい）

新出単語

收购	shōugòu	（動）	買い上げる、調達する
价格	jiàgé	（名）	価格
提高	tígāo	（動）	高める、上げる
农副产品	nóng-fù chǎnpǐn		農産物と副産物
的确	díquè	（副）	確かに
智慧	zhìhuì	（名）	知恵
辅导	fǔdǎo	（動）	指導する、補習する
宿舍	sùshè	（名）	寮、宿舎
实验	shíyàn	（名）	実験
实验室	shíyànshì	（名）	実験室
聊天	liáotiān	（動）	世間話をする
转	zhuàn	（動）	回る、散歩する
时尚	shíshàng	（形）	時代の流行、はやる
古老	gǔlǎo	（形）	古い
葡萄	pútɑo	（名）	ぶどう
熟	shú	（形）	熟する
滑冰	huábīng	（動）	スケートをする
速度	sùdù	（名）	スピード
身材	shēncái	（名）	体つき、スタイル
沙发	shāfā	（名）	ソファー
熊猫	xióngmāo	（名）	パンダ
打架	dǎjià	（動）	けんかする

復習と練習

1 选择填空。

(一) 选择适当的词语填空。

是　在　有

1. 这座立交桥（　　）三层。
2. 他不（　　）一个坚强的人。
3. 我没（　　）机会去上海了。
4. 小兰（　　）院子里。
5. 他（　　）访华代表团的团长。

(二) 请选择动词重叠所代表的意义。

A 短时　B 尝试　C 缓和语气 D 表示轻松、随便的语气

1. 桌子上太乱了，你帮我整理整理吧。（　　）
2. 他笑了笑说："没关系！"（　　）
3. 晚上，听听音乐，聊聊天，挺有意思的。（　　）
4. 我想请您给我看看这篇文章。（　　）
5. 这菜是我自己做的，你尝尝看。（　　）

参考解答と訳：

1 空欄を埋めましょう。

(一) ふさわしい単語を選んで空欄を埋めなさい。

1. 这座立交桥（有）三层。（この歩道橋は 3 層ある）
2. 他不（是）一个坚强的人。（彼は［1 人の］粘り強い人ではない）
3. 我没（有）机会去上海了。（私は上海に行く機会がなくなった）
4. 小兰（在）院子里。（小蘭は庭にいる）
5. 他（是）访华代表团的团长。（彼は訪中代表団の団長だ）

(二) 動詞の重ねが表す意味を選びましょう。

A 短い時間、B 試しにやってみる、C 語気をゆるめる、D 気軽で、気ままな語気を表す

1. 桌子上太乱了，你帮我整理整理吧。（テーブルの上が散らかっているから、［あなたは私が］片付けるのを手伝ってよ）（C）
2. 他笑了笑说："没关系！"（彼は笑って言った。「かまわないよ！」）（A）
3. 晚上，听听音乐，聊聊天，挺有意思的。（夜、音楽を聴き、お喋りするのはとても面白い）（D）
4. 我想请您给我看看这篇文章。（［あなたは］私にこの文章を読ませてください）（C）
5. 这菜是我自己做的，你尝尝看。（この料理は私が自分で作ったの、［あなたは］味見してみて）（B）

第一週 月 火 水 木 金 末
第二週 月 火 水 木 金 末
第三週 月 火 水 木 金 末

2 改错句。

1. 你最好听听清楚了再回答。

2. 这个周末，我们要进行一个舞会。

3. 他一边哭哭，一边说说。

4. 在中国，我旅游过很多地方。

5. 大家正在讨论讨论那个问题。

6. 老师在教室里正跟他谈话。

7. 这些日子，我陪着她一直。

8. 他也明天要去泰山。

9. 我从小跟奶奶一起乡下住在。

10. 我常常独自坐在窗前清晨。

参考解答と訳：

2 **間違った文を直しましょう。**

1. 你最好听清楚了再回答。（[あなたは]よく聞いてから答えた方がいいよ）
2. 这个周末，我们要举行一个舞会。（この週末、私たちは［1つの］ダンスパーティーを開く）
3. 他一边哭，一边说。（彼は泣きながら話している）
4. 在中国，我去很多地方旅游过。（中国で、私はたくさんの場所へ旅行に行った）
5. 大家正在讨论那个问题。（みんなは今その問題を議論しているところだ）
6. 老师正在教室里跟他谈话。（先生は今教室で彼と話をしているところだ）
7. 这些日子，我一直陪着她。（最近、私はずっと彼女と一緒にいる）
8. 他明天也要去泰山。（彼は明日も泰山に行く）
9. 我从小跟奶奶一起住在乡下。（私は小さい頃から祖母と一緒に田舎に住んでいる）
10. 清晨我常常独自坐在窗前。（早朝に私はいつも一人で窓の前に座っている）

---

3 仿照例句，扩写句子。

例句：商店在卖东西。

学校附近的商店正在减价卖一些日常用的东西。

1. 桌子上有本书。

2. 我买了一件衣服。

3. 汽车在路上开。

4. 一个男人正在照相。

5. 我去上班。

6. 代表们提建议。

7. 同学们打篮球。

8. 公司派他了解情况。

9. 节目很受欢迎。

10. 西湖好像山水画。

参考解答と訳：

3 例文にならって、文に書き足しましょう。

例：店では物を売っているところだ→
学校の近くの店では今［一部の］日用品を安売りしているところだ。

1. **桌子上有一本关于美术发展历史的书。**（机の上に［1冊の］美術の発展史についての本がある）
2. **昨天我在西单商场买了一件红色的衣服。**（昨日私は西単のデパートで［1着の］赤い服を買った）
3. **红色的越野汽车在高速路上开得飞快。**（赤いランドクルーザーが高速道路を飛ぶように走っている）
4. **一个穿西服的高个子男人正在给孩子照相。**（［1人の］スーツを着た背の高い男性が子供の写真を撮っているところだ）
5. **今天我坐地铁去上班。**（今日私は地下鉄に乗って出勤する）
6. **代表们就怎样改善城市的交通状况提出了自己的建议。**（代表たちはいかに都市の交通状況を改善するかについて自分の意見を出した）
7. **上体育课的同学们正在操场上打篮球。**（体育の授業に出ている同級生たちは運動場でバスケットをしているところだ）
8. **公司派他去了解一下那里的产品销售情况。**（会社は彼を派遣して現地の商品売上状況を［軽く］調べさせた）
9. **这档体育节目很受观众的欢迎。**（このスポーツ番組は視聴者にとても人気がある）
10. **雨后的西湖风景很美，就好像一幅美丽的山水画。**（雨後の西湖の風景は美しく、一幅の美しい山水画のようだ）

木曜日

補語（一）形容詞

今日は、もう 1 つの文の成分を紹介します。それは「補語」です。補語は述語の後ろに置いて、動作の進行状況、結果、数量や状態の説明を補う成分です。

補語と連用修飾語はどちらも述語を修飾するものですが、2 つの位置には違いがあります。一方は前に（連用修飾語）、もう一方は後ろ（補語）です。ごっちゃにしてはいけませんよ！

ちょっと下の 2 つの文を比べてみましょう。

她写作业写得很认真。（“很认真” が動詞 “写” の後ろで情態補語となっている）

她认真地写作业。（“认真地” が動詞 “写” の前で連用修飾語となっている）

これらの文の基本構造はこうなっています。

（連用修飾語）主語＋［連体修飾語］述語〈補語〉＋（連用修飾語）目的語

今日の単語の部分では、形容詞を見ていきます。形容詞は文の中で述語・連体修飾語・連用修飾語・補語になることができます。

■要点のまとめ：
結果補語／程度補語／情態補語／形容詞

一、補語

（一）結果補語

結果補語は、述語動詞の直後で動作・変化の結果を表す成分であり、主に動詞・形容詞が当てはまります。基本構造はこうなっています。

動詞＋結果補語（＋目的語）

❶ 基本的性質

文末には変化を表す “了” を置くことができます。目的語は補語の前に置きます。否定では一般的に “没” を用い、ある種の仮定を表す場合は “不” を用います。

例：我吃＜饱＞了。

我没写＜完＞作业。

你不写＜完＞作业就不能出去玩儿。

❷ よく使われる動詞結果補語

倒：(摔、滑、累、病、刮）倒

到：(看、买、听、找、碰、说、学习）到

掉：(扔、改、吃、删、除、消灭）掉

懂：(看、听、读、搞、弄）懂

成：(看、听、读、当、写、翻译）成

出：(走、跑、拿、掏、说、唱、看、反映）出

给：(留、传、递、交、租、还、寄、献、借、卖、输）给

见：(看、望、瞧、听、闻、碰、遇）见

开：(打、拉、分、躲、张、切、睁、解、搬、走、传、敲、推、翻）开

满：(坐、睡、住、堆、站、放、长、开、挂）满

完：(吃、看、听、说、讲、写、抄、改、用、洗、学习、准备、翻译）完

着（zháo）：(买、借、找、睡）着

走：(拿、取、带、领、逃、借、搬、赶）走

住：(抓、接、握、记、拿、拉、捆、关、站、停、扶）住

上：低い場所から高い場所へ：爬上、骑上、跑上

近づく・合わさる：追上、赶上、关上、合上、闭上

付着・添加：系上、拿上、带上、写上、算上、加上、别上、摆上

一定の目的に達する：买上、吃上、穿上、用上、坐上

動作の開始と継続：爱上、喜欢上、看上

下：高い場所から低い場所へ：走下、跑下、跳下、扔下

固定してとどめる：写下、记下、打下、留下、住下、停下

ある場所から脱離させる・離す：摘下、脱下

一定の数量を許容できる：装下、容下、站下、住下

❸ よく使われる形容詞結果補語

对（错）：(听、说、读、念、做、算、回答、翻译、分析、估计）对（错）

大：(放、变、睁、张）大

好：(做、放、写、拿、听、算、翻译、准备、安排、计划）好
惯：(住、吃、喝、听、看、用、骑）惯
干净：(吃、洗、擦、收拾、打扫）干净
清楚：(听、看、写、问、想、讲、算）清楚

（二）程度補語

程度補語は、形容詞・心理動詞の後で程度を表します。

❶ **“得”を用いない場合：動詞／形容詞**＋极／透／坏／死＋了

例：他心里高兴极了。
一听说这件事，可把我乐坏了。
这件事麻烦透（极、死）了。（“透、死”は一般的に好ましくない状況で用います）

❷ **“得”を用いる場合：動詞／形容詞**＋得＋很／慌／要命／要死／不得了／不行

例：他最近忙得很，别去打扰他。
我今天累得慌，想休息休息。（“慌、要命、要死、不行”は一般的に好ましくない状況で用います）

（三）情態補語

❶ **動詞の後に用い、動作の状態を描写したり、状況を説明・評価したりします。決まった構造は“動詞＋得＋情態補語”です。**

例：老王的韩国菜做得很地道。
这篇文章写得真是太好了！

❷ **動詞の後に補語と目的語が両方ある場合、以下の２通りの言い方があります。**

例：他说汉语说得很不错。（動詞を重ねてから補語を加える）
他汉语说得很不错。　（目的語を動詞の前に置く）

❸ “个”**で情態補語につなぐこともできます。**

例：他一去卡拉ＯＫ就唱个没完。

二、形容詞

形容詞は性質や状態を表します。“好、坏、漂亮”のように人やものごとを形容したり、“快、慢、早、晚”のように動作を形容したりできます。

(一) 形容詞の文法的特徴

❶ 形容詞は文の中で一般的に単独で用いません。単独で用いる場合は、対照・比較の意味をともなうのが普通です。こういった比較の意味を持たない場合、通常は形容詞の前に程度副詞を加えます。

例：你汉语好，还是你说吧。(あなたの中国語は私より上手い)
星期日，商店里人很多。

❷ 否定形では“不＋形容詞”の形を用いるか、“还没……呢”で性質の変化を否定します。

例：这本书不难。
天还没亮呢。

❸ 疑問形では“形容詞＋吗？”の形を用いるか、肯定形と否定形を並列します。

例：你累吗?
他个子高不高?
你觉得这里热闹不热闹?
你女朋友长得漂（漂亮）不漂亮?

❹ 形容詞に“的”を加えて“的”フレーズとなり、名詞に相当するはたらきをし、主語・目的語となることができます。

例：把那个最漂亮的给我看看。
这件商品是我们这儿最贵的。

❺ 形容詞は一般的に目的語をともなうことができません。ただし、一部の形容詞には動詞的用法があり、「……にさせる」の意味を持ち、目的語をともなうことができます。

例：方便群众、端正态度、繁荣经济

❻ 形容詞は文中で連体修飾語・連用修飾語・補語となることもできます。

例：他认识了一个漂亮的女孩子。　　(連体修飾語)

上课要认真听老师讲课。　　(連用修飾語)

他把衣服洗得干干净净。　　(補語)

(二) 形容詞の重ね

❶ 1 音節の形容詞

AA 式は描写に用い、一般的に好ましい感情的ニュアンスをともないます。

例：那位姑娘有着大大的眼睛、长长的头发。

ABB 式は 1 音節の形容詞に畳音〔同じ音節を重ねた言葉〕の接尾語を加えたもので、こういった言葉は一般的に固定したものです。

例：胖乎乎、红彤彤、绿油油、香喷喷、孤零零、乱哄哄、傻乎乎

已经上课了，教室里还是乱哄哄的。

❷ 2 音節の形容詞

AABB 式は程度が大きいことを表します。

例：黑板上写得清清楚楚，你自己看吧。

A 里 AB 式は少数の貶義の形容詞に用いられ、嫌悪・軽蔑の意味があります。

例：糊里糊涂、慌里慌张、土里土气

你看他傻里傻气的样子。

ABAB 式は、それ自体で程度が大きいことを表し、程度副詞“很”などの修飾を受けることができず、重ねることで程度が増したことを示します。

例：雪白雪白、通红通红、笔直笔直、漆黑漆黑、碧绿碧绿

他的床单总是雪白雪白的。

❸ 使用上の制限

1) 形容詞の重ねはすべて、もう程度が増していることを表し、程度を示す程度副詞“很、太、非常”などを加えることはできません。

例：书架上的书摆得非常整齐。(○)

书架上的书摆得非常整整齐齐。(×)

对面走过来一位十分漂亮的姑娘。(○)

对面走过来一位十分漂漂亮亮的姑娘。(×)

2) すべての形容詞が重ねることができるわけではありません。重ねができるかどうかは、主として習慣による用法です。

例：很漂亮——漂漂亮亮（〇） 很美丽——美美丽丽（×）

很老实——老老实实（〇） 很诚实——诚诚实实（×）

❹ “高高兴兴”と“高兴高兴”の違い

これは“高兴”の２つの重ねの方式で、“高高兴兴”は“很高兴”であり、程度が大きいことを表します。“高兴高兴”は“高兴一下”で、持続する時間がやや短いことを表し、多く「結果としてそうなった」というニュアンスを表します。

こういった言葉には、“舒服、轻松、干净、漂亮、痛快”などもあります。

例：跑了一天，回家洗个澡，舒舒服服地睡一觉。

考完试了，我们去公园散散步，划划船，轻松轻松。

実戦問題

1 完成句子。

1. 他　急死了　还没来　到现在　大家都

2. 他　累得　工作了一天　不得了　已经

3. 他　因为　非常厉害　感冒得　没来上课　所以

4. 不太顺利　最近　文化交流活动　我校的　进行得

5. 这些　现象　变化　社会潮流的　反映出

6. 劳累　这么多年的　使他　病倒了　一下子

7. 晋升为　老李　公司的　经理　业务部

8. 孩子们　漂漂亮亮的　教室　布置得　把

9. 我们　屋里　太热　凉快凉快吧　在树下

参考解答と訳：

1 文を完成しましょう。

1. 他到现在还没来，大家都急死了。（彼は今になってもまだ来ず、みんな大いに焦っている）
2. 他工作了一天，已经累得不得了。/ 他已经工作了一天，累得不得了。（彼は1日働いて、もう疲れてくたくただ。／彼はもう1日働いて、疲れてくたくただ）
3. 他因为感冒得非常厉害，所以没来上课。/ 因为感冒得非常厉害，所以他没来上课。（彼はひどく風邪をひいているため、授業に来なかった。／ひどく風邪をひいているため、彼は授業に来なかった）
4. 最近我校的文化交流活动进行得不太顺利。/ 我校的文化交流活动最近进行得不太顺利。（最近我が校の文化交流活動はあまり上手くいっていない。／我が校の文化交流活動は最近あまり上手くいっていない）
5. 这些现象反映出社会潮流的变化。（こういった現象は社会の潮流の変化を反映している）
6. 这么多年的劳累使他一下子病倒了。（このような長年の過労で彼は急に病に倒れた）
7. 老李晋升为公司的业务部经理。（李さんは会社の業務部の責任者に昇進した）
8. 孩子们把教室布置得漂漂亮亮的。（子供たちは教室をきれいに飾り付けた）
9. 屋里太热，我们在树下凉快凉快吧。（家の中は暑すぎる、私たちは木の下で涼みましょう）

10. 在村庄旁边　看到了　我们　湖水
翠绿翠绿的

10. 在村庄旁边，我们看到了翠绿翠绿的湖水。/ 我们在村庄旁边看到了翠绿翠绿的湖水。（村のそばで私たちは青緑色の湖水を目にした。／私たちは村のそばで青緑色の湖水を目にした）

2 看图，用词造句。

1. 暖和

2. 苗条

3. 迷路

4. 果实

参考解答と訳：

2 図を見て、単語を使って文を作りましょう。

1. 这里的天气很暖和，美丽的花儿都开了。（ここの気候は暖かく、美しい花々がみな咲いている）

2. 她每天坚持锻炼，所以身材很苗条。（彼女は毎日頑張ってトレーニングしているので、体つきがすらりとしている）

3. 初次来到这个城市，他迷路了。（初めてこの街に来て、彼は道に迷った）

4. 树上结满了果实，看起来很好吃。（木にはいっぱいに果物がなっていて、見たところ美味しそうだ）

5. 后悔

5. 因为没及时看邮件而失去了面试的机会，他后悔极了。（メールを見るのが間に合わず面接のチャンスを失ったため、彼はひどく後悔した）

6. 怀疑

6. 科学家做研究要有怀疑的精神。（科学者が研究をするには疑う精神を持つことが必要だ）

7. 环境

7. 这个公园的环境很优美。（この公園の環境は美しい）

8. 鼠标

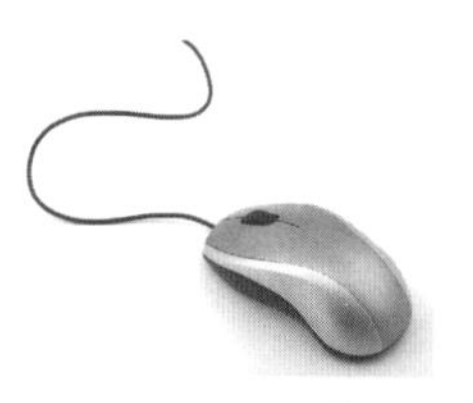

8. 鼠标掉在了地上，不过没摔坏。（マウスは床に落ちているが、壊れてはいない）

9. 激烈

9. 两位运动员正在激烈地比赛。（2人のスポーツ選手が激しく試合をしているところだ）

10. 禁止鸣笛

10. 小区里禁止鸣笛。（住宅地区ではホイッスルを鳴らすことは禁止されている）

新出単語

现象	xiànxiàng	（名）	現象
潮流	cháoliú	（名）	流れ、時代の趨勢
反映	fǎnyìng	（動）	反映する
劳累	láolèi	（形）	働きすぎて疲労する
晋升	jìnshēng	（動）	昇進する
布置	bùzhì	（動）	装飾する
村庄	cūnzhuāng	（名）	村
翠绿	cuìlǜ	（形）	青緑色、緑したたるような
苗条	miáotiao	（形）	（女性の体つきが）すらりとして美しい
锻炼	duànliàn	（動）	身体や精神を鍛錬する、トレーニングする
迷路	mílù	（動）	道に迷う
初次	chūcì	（名）	初回
果实	guǒshí	（名）	果実
结	jiē	（動）	（実が）なる
后悔	hòuhuǐ	（動）	後悔する
怀疑	huáiyí	（動）	疑う
研究	yánjiū	（動）	研究する
环境	huánjìng	（名）	環境
鼠标	shǔbiāo	（名）	マウス
激烈	jīliè	（形）	激しい
鸣笛	míngdí	（動）	ホイッスルを鳴らす

復習と練習

1 选择填空。

(一) 选择适当的词语填空。

开 完 满 到 倒 坏

1. 不一会儿，他就把衣柜装（　　）了。
2. 我好不容易才找（　　）这本书。
3. 你打（　　）窗子换换空气吧。
4. 你先睡吧，我看（　　）这个电视剧再睡。
5. 下雪了，路太滑，我一不小心摔（　　）了。
6. 杯子掉在地上，摔（　　）了。

(二) 请选择“上”的意义。

A 开始并继续　B 合拢、关闭 C 附着、添加　D 达到目的

1. 风太大了，把窗户关上吧。（　　）
2. 听说小王爱上丽丽了，是吗？（　　）
3. 这两封信还没贴邮票，来，我帮你贴上。（　　）
4. 大家闭上嘴，从现在开始不要说话了。（　　）

参考解答と訳：

1 空欄を埋めましょう。

(一) ふさわしい単語を選んで空欄を埋めなさい。

1. 不一会儿，他就把衣柜装（满）了。（間もなく、彼はタンスをいっぱいにした）
2. 我好不容易才找（到）这本书。（私はやっとのことでこの本を探し出した）
3. 你打（开）窗子换换空气吧。（[あなたは] 窓を開けて空気を入れ替えてよ）
4. 你先睡吧，我看（完）这个电视剧再睡。（あなたは先に寝て、私はこのテレビドラマを見終わってから寝る）
5. 下雪了，路太滑，我一不小心摔（倒）了。（雪が降って、道がとても滑り、私は不注意に転んで倒れてしまった）
6. 杯子掉在地上，摔（坏）了。（コップが地面に落ち、転がって割れてしまった）

(二) “上”が表す意味を選びなさい。

A 開始と継続　B 合わさる・閉じる
C 付着・添加　D 目的に達する

1. 风太大了，把窗户关上吧。（風が強すぎるから、窓を閉めてよ）（B）
2. 听说小王爱上丽丽了，是吗？（王さんは麗麗が好きになったらしいけど、そうなの？）（A）
3. 这两封信还没贴邮票，来，我帮你贴上。（この２通の手紙はまだ切手が貼られていない、ほら、私が [あなたを手伝って] 貼ってあげる）（C）
4. 大家闭上嘴，从现在开始不要说话了。（みんな口を閉じて、今から話さないで）（B）

2 改错句。

1. 昨天晚上他睡觉得好极了。

2. 下雨越来越大了，我们等一会儿再走吧。

3. 黑板上的字我不太看清楚。

4. 那天晚上天很黑，还下着雨，路上一个人也不看见。

5. 他找了小王几次才找得到小王。

6. 时间只有一个月，你的论文写了得完吗?

7. 这首歌我练了好几遍，记了。

8. 时间一天一天地过了，他还是处在昏迷当中。

9. 放假了，校园里静静，没有一个学生。

参考解答と訳：

2 間違った文を直しましょう。

1. 昨天晚上他睡得好极了。（昨日の夜彼はぐっすり眠った）

2. 雨下得越来越大了，我们等一会儿再走吧。/ 雨越下越大了，我们等一会儿再走吧。（雨はますますひどく降っている、私たちは少し待ってから行きましょう。／雨は降れば降るほどひどくなる、私たちは少し待ってから行きましょう）

3. 黑板上的字我看不太清楚。（黒板の字が私はあまりよく見えません）

4. 那天晚上天很黑，还下着雨，路上一个人也看不见。（その日の夜は空が真っ暗で、それに雨も降っていて、道には誰の姿も見えませんでした）

5. 他找了小王几次才找到。（彼は何度も王さんを訪ねてようやく会うことができた）

6. 时间只有一个月，你的论文写得完吗？（時間は１か月しかない、君の論文は書き終えられたの？）

7. 这首歌我练了好几遍，记住了。（この歌は私は何度も練習して、覚えてしまった）

8. 时间一天一天地过去了，他还是处在昏迷当中。（時は１日また１日と過ぎ去ったが、彼はまだ昏睡の中にある）

9. 放假了，校园里静静的，没有一个学生。（休みになり、学校の中はひっそりとして、１人の学生もいない）

10. 小树下站着一位十分漂漂亮亮的年轻女孩。

③ 仿照例句，缩写句子。

例句：他安安静静地坐在明亮的教室里看一本英语书。
他看书。

1. 昨天姐姐在百货大楼买了一件深蓝色的连衣裙。

2. 桌子上放着一本刚买回来的词典。

3. 同学们在操场上兴高采烈地踢着足球。

4. 最近我们学校举行了一系列国际文化交流活动。

5. 我已经在北京大学学习了三个月汉语了。

6. 飞往广州的 CA142 次航班马上就要起飞了。

7. 居住在地震重灾区的 6000 名中国公民已经安全撤离了。

8. 那个短头发、高个子的女孩是我妹妹。

9. "3・15"前夕，大钟寺家具城举行了一年一度的家庭装修服务大赛。

10. 一位漂亮的服务员小姐热情地问我们要吃点儿什么。

10. 小树下站着一位漂漂亮亮的年轻女孩。/ 小树下站着一位十分漂亮的年轻女孩。（小さな木の下に 1 人のとても美しい若い女の子が立っている。／小さな木の下に 1 人のとても美しい若い女の子が立っている）

参考解答と訳：

③ 例文にならって、文を短くしましょう。

例：彼は明るい教室の中に静かに座り 1 冊の英語の本を読んでいる。→彼は本を読んでいる。

1. 姐姐买了连衣裙。（姉さんはワンピースを買った）
2. 桌子上放着词典。（机の上に辞書が置いてある）
3. 同学们踢球。（クラスメイトたちはサッカーをしている）
4. 学校举行活动。（学校はイベントを行った）
5. 我学习汉语。（私は中国語を勉強している）
6. 航班就要起飞了。（フライトは間もなく離陸する）
7. 公民撤离了。（住民は避難した）
8. 女孩是我妹妹。（女の子は私の妹だ）
9. 家具城举行大赛。（インテリア用品のショッピングモールではキャンペーンを実施する）
10. 服务员小姐问我们吃什么。（スタッフの女の子が私たちに何を食べるかたずねた）

金曜日

補語（二）数詞

今日勉強するのは「方向補語」です。「方向補語」とは何でしょうか？　方向を表す動詞“来、去”や、“上、下、进、出、回、过、起”に“来、去”を加えたものを動詞の後に置き、動作の発展･変化の方向や傾向を表すのが、「方向補語」です。方向補語はやや複雑ですから、しっかり勉強しましょう！

単語の部分では、日常生活でよく使われる「数詞」をまとめて紹介します。

■要点のまとめ：
方向補語／数詞

一、方向補語

単純方向補語：来、去

複合方向補語：上来、下来、进来、出来、回来、过来、起来
上去、下去、进去、出去、回去、过去

（一）目的語の位置

❶ 一般名詞が目的語の場合、補語の前・後どちらに置くこともできます。

例：从外边走进来一个人。 从外边走进一个人来。
他买回来了一斤橘子。 他买了一斤橘子回来。

❷ 場所目的語は、方向補語“来、去”の前に置きます。

例：他站起来，走出房间去。
外面太冷了，你们都进屋来吧。

❸ 離合詞の中の目的語は、“来、去”の前に置きます。

例：他回过头来深情地看了她一眼。
他太累了，一进门就睡起觉来。

（二）方向補語の意味

方向補語の意味は、本義と派生義の２つに分けることができます。

❶ 動詞＋上来

1) 動作が低い場所から高い場所に向かうことを表し、話し手は高い場所にいます。

例：电梯坏了，我是走上来的。

2) 動作が下の立場から上の立場に向かうことを表し、話し手は上の立場にいます。

例：下课后，请同学们把作业交上来。（話し手は教師）

3) 話し手の方に移動することを表します。

例：看到我回来了，孩子高兴地迎上来。

4) ある動作を順調に終えたことを表し、よく"得､不"とともに使われます。

例：经过努力，他的学习成绩已经赶上来了。
他很聪明，老师的问题都答得上来。
这个问题太难了，我们都说不上来。

❷ 動詞＋上去

1) 動作が低い場所から高い場所に向かうことを表し、話し手は低い場所にいます。

例：你们先把东西拿上楼去吧。
他们把粮食抬上山去了。

2) 動作が下の立場から上の立場に向かうことを表し、話し手は下の立場にいます。

例：我的作业已经交上去了。
你们的问题已经反映上去了。

3) ある場所に近づくことを表します。

例：他起身迎上去，紧紧握住老人的手。
工人把空调安上去了。

❸ 動詞／形容詞＋下来

1) 動作が高い場所から低い場所に向かうことを表し、話し手は低い場所にいます。

例：她从山上带下来好多水果。
　　你快点儿跑下来吧。

2) 動作が上の立場から下の立場に向かうことを表し、話し手は下の立場にいます。
例：老师把作业发下来了。（話し手は学生）
　　工作已经安排下来了，大家抓紧完成。

3) ものごとを分離することを表し、よく“摘、脱、揪、撕、扯、拔、割、剪”などの動詞を用います。
例：快把湿衣服脱下来吧。
　　他从本子上撕下一张纸来。

4) 固定して動かさない、変化させないことを表し、よく“画、写、录、记、停、固定”などの動詞を用います。
例：老师课上讲的内容，你都记下来了吗?
　　用录音机录下来就不怕没有证据了。

5) 状態が強さから弱さへ向かうことを表し、“安静、平静、冷静、暗、冷、黑”などの弱さへ向かう形容詞しか用いることができません。
例：天渐渐暗下来了。
　　听了朋友的劝告，他冷静了下来。

6) 動作が過去から現在へ向かうことを表し、よく“活、传、流传、坚持、继承”などの動詞を用います。
例：虽然在学汉语的过程中遇到很多困难，但我还是坚持下来了。
　　这个故事是从古代流传下来的。

❹ 動詞／形容詞＋下去

1) 動作が高い場所から低い場所に向かうことを表し、話し手は高い場所にいます。
例：一听到消息，他就从楼上跑下去了。
　　我刚才不小心把书扔下去了。

2) 動作が上の立場から下の立場に向かうことを表し、話し手は上の立場にいます。
例：我把你们的作业发下去了。（話し手は教師）
　　这次会议的精神已经传达下去了吗？（話し手は指導者）

3) 動作・状態がすでに存在し、継続・発展していることを表します。

例：我想一直在中国住下去。

你说得很好，继续说下去吧。

天气继续这样冷下去，孩子们可就受不了了。

❺ 動詞＋进来／进去

動作が外から中に向かうことを表します。

例：上课了，老师从外边走进教室来。（話し手は中にいる）

他一下子就跑进楼里去了。　　　　（話し手は外にいる）

❻ 動詞＋出来

1) 動作が中から外に向かうことを表し、話し手は外にいます。

例：她从书包里拿出一本杂志来。

下课了，同学们从教室里跑出来了。

2) 動作がものごとを無から有へ、不明なものから明らかなものへ変化させることを表し、よく“写、画、算、编、排、设计、整理、印、想”などの動詞が用いられます。

例：经过一个月的努力，他终于设计出来了满意的作品。

这么逼真的画儿，是怎么画出来的呢？

3) 動作によって見分けられ、ものごとが隠れた状態からはっきり分かるようになることを表し、よく“听、认、查、看 ”などの動詞が用いられます。

例：几年不见，我都快认不出你来了。

我听出你的声音来了。

❼ 動詞＋出去

1) 動作が中から外に向かうことを表し、話し手は中にいます。

例：下课了，同学们走出教室去了。

刚一打开门，小狗就一下子跑了出去。

2) 内から外へ、秘密から公開へ向かうことを表し、よく“卖、租、传、说、宣传、泄露”などの動詞が用いられます。

例：那套房子租出去没有？

这件事任何人都不能说出去。

❽ 動詞＋回来／回去

別の場所からもとの場所に戻ってくることを表します。

例：这儿离我家不太远，我走回去就行了。（話し手は別の場所にいる）
　　你怎么刚出去又跑回来了？（話し手はもとの場所にいる）

❾ 動詞／形容詞＋过来

1) 別の地点から話し手の方に近づくことを表します。

例：那边有一辆汽车开过来了。
　　看到老师走过来，他立刻坐好了。

2) 人やものごとが良くない・正常でない状態から、良い・正常な状態に戻ることを表し、よく“改、醒、苏醒、恢复、明白、缓、抢救、暖和、休息、纠正、反应”などの動詞や形容詞を用います。

例：本子上的错题已经改过来了吗？
　　经过医生的及时救护，他终于醒过来了。

3) ある種の困難な状況を経て、現在はもう終わったことを表し、よく“忍、熬、挺、对付、挨”などの動詞を用います。

例：训练很紧张，但同学们还是都挺过来了。
　　我也不知道那样贫穷的日子他是怎样熬过来的。

4) ある場所・状況から現在の場所・状況に至ったことを表し、よく“换、转、调、翻译”などの動詞を用います。

例：这本小说已经翻译过来了。
　　他是从上海总公司调过来的。

5) 目的語となるものの数が多い場合、主語がその動作を完了できるかどうかを表し、よく“得、不”とともに、“吃、用、玩儿、看、干、管、数、背、复习、照顾、招待”などの動詞が用いられます。

例：天上的星星谁也数不过来。
　　一下子买了那么多书，你看得过来吗？

❿ 動詞＋过去

1) 現在いる地点から話し手の指す地点まで移動することを表します。

例：你快点儿跑过去吧，他正在等你呢。

走不动，爬也要爬过去。

2) 良い・正常な状態から、良くない・不正常な状態になることを表し、よく“昏、昏死、昏睡、晕”などの動詞が用いられます。

例：老王太累了，一到家就昏睡过去了。

病人已经昏死过去，得马上抢救。

3) “まあ良い、悪くない”ことを表し、よく“说、看”に“得、不”を加えて一緒に使われ、直接に“过得去”と言うこともできます。

例：这件衣服还看得过去。

你这样的考试成绩也太说不过去了吧。

他们家的日子还算过得去，不那么紧张。

4) “过去”はそのまま述語とすることもでき、ある時間を経て、現在はすでに終わっていることを表します。

例：圣诞节已经过去了。

一天的时间就这么过去了。

⑪ 動詞／形容詞＋起来

1) 動作が低い場所から高い場所へ向かうことを表し、よく“坐、站、跳、举、提、抬、升”などの動詞が用いられます。

例：他突然站了起来。

有问题的同学请把手举起来。

2) 動作の開始・継続を表し、目的語は常に“起”と“来”の間に置かれます。

例：他忍不住哭了起来。

外面突然下起大雨来了。

3) 状態の弱さから強さへの変化を表し、よく“热闹、亮、大、热、紧张、高兴、胖、多”などの形容詞が用いられます。

例：天渐渐地亮起来了。

他一到场，会场上立刻热闹起来了。

4) 分散した状態から集中することを表し、よく“存、捆、扎、收、装、攒、积累、收集、组织”などの動詞が用いられます。

例：把晾在阳台上的衣服都收起来吧。

经验都是一点儿一点儿积累起来的。

5) 忘れていたことを思い出すことを表し、よく“想、回忆、记、回想”などの動詞が用いられます。

例：哦，我想起来了，你是大卫。

我记起来了，我把钥匙放在水池边上了。

6)「……してみると」の意味を表し、推測や評価を示すことが多く、よく“看、听、说、用、做、穿、笑”などの動詞が用いられます。

例：这件事说起来容易做起来难。

这件衣服看起来不怎么样，穿起来还挺漂亮的。

二、数詞

数詞は数を表す言葉で、基数詞と序数詞に分かれます。基数詞は、数の大小を表す言葉で、整数・分数・小数・倍数・概数などを含みます。序数詞は、順番の前後を表す言葉です。

(一) 整数

読むときには、数字と単位数字をつなげて読みます。数字とは“零、一、二、三、四、五、六、七、八、九、十”、単位数字とは“个、十、百、千、万、亿”などです。

例：123456789 はこう読みます：一亿　两千三百四十五万　六千七百八十九

ルール：

❶ ある数字の後ろの複数桁が“0”の場合、“0”はすべて省略し、読みません。ただし、“万、亿”の単位数字は読む必要があります。

例：1200: 一千二（百）、420000: 四十二万

❷ ある数字の中間の複数桁が“0”の場合、“0”が何桁あっても“零”は1つしか読みません。

例：2008: 两千零八、250008: 二十五万零八

❸ 電話番号、部屋番号は数字だけを読み、単位数字は読みません。“1”は“幺(yāo)”と読みます。

例：13611008450：幺（yāo）三六　幺（yāo）幺（yāo）零零　八四五零

❹ “二”と“两”

数を表す場合、“千、万、亿”の前の“2”は普通“两”と読み、“百”の前の“2”は“二”と“两”のどちらにも読めます。“十”の前と1の位は“二”と読みます。

例：两亿、两万、两千、二（两）百二十、二十二

一般的に量詞の前では、1桁なら“两”を用い、複数桁の1の位なら“二”を用います。

例：两个、两件、两张、十二个人、一百零二天

度量衡単位の量詞の前では、国際的な単位なら“两”を用い、中国特有の単位なら“二”を用いるのが一般的です。

例：两公斤（公里、米、平方米）、二斤（尺、寸、亩、两、里）

（二）分数

一般的な分数は“……分之……”で表します。

例：1/2：二分之一、3/4：四分之三

パーセントは“百分之……”で表します。

例：12%：百分之十二、20%：百分之二十、100%：百分之百

（三）小数

小数の中の“.”（小数点）は“点”と読みます。小数点の前の部分は整数と同じように読み、小数点の後の部分は数字だけを読み、単位数字は読みません。

例：0.5：零点五、1.27：一点二七、234.456：二百三十四点四五六

（四）倍数

数詞の後に量詞の“倍”を加えます。

例：5倍、10倍

以下に気をつけて比べてみましょう。

“是……的5倍”は、もとの数を含みます。

“增加了5倍”は、もとの数を含みません。

例：30是6的5倍。

6增加5倍是36。

（五）概数

❶ 隣り合った2つの数で概数を表します。一般的に、小さな数を前に、大き

な数を後ろに置きます。9 と 10、10 と 11 のように桁の繰上げのある数は、続けて表記して概数を表すことはできません。

例：我等了他五六分钟了。

这个城镇有七八十万人口。

2 と 3 を続けて用いる場合、“两三” と読みます。

例：他已经两三个月没回家了。

这次出差时间不长，只有两三天。

3 と 5 は続けて用いて概数を表すことができます。

例：教室里只有三五个学生在上自习。

100 と 80 を続けて用いると、80 から 100 の間を表し、“百八十” と読みます。

例：有百八十人参加了他的婚礼。

这件衣服不太贵，百八十块就能买下来。

❷ 数量詞と“上下、前后、左右、以上、以下、大约、大致、将近”などを続けて概数を表します。

“数量＋上下”は、一般的に年齢や身長などに用います。

例：他估计这个人的年龄在四十岁上下。

“数量＋前后”は、ある時点や時刻の概数を表す場合のみに用い、名詞の後に置くことができます。

例：我明天六点前后就可以到家了。

去海南旅行，春节前后是最贵的。

“数量＋左右”は、おおよその数量や時間を表すことができます。

例：现在学生每个月的生活费是 1000 元左右。

我每天三点左右下课。

“数量＋以上 / 以下”は、下限・上限を表します。

例：他们班的学生数在三十以上。

“将近＋数量”は、その数に近づいていることを表します。

例：他来中国将近一年了。

“大约＋数量”は、おおよその数を表します。

例：这本书花了大约三十块钱。

昨天来了大约三十名留学生。

❸ 数字の後に“多”を加えると、概数を表します。

数詞（0で終わる）＋多＋量詞（＋名詞）

例：我们班有四十多个留学生。

有二十多个国家的代表参加了这次会议。

数詞（1……9で終わる、または10）＋量詞＋多（＋名詞）

ここでの量詞は連続量詞（0.1、0.2……の少数単位で計算できる量詞。斤、两、尺、寸、年、天、公里、里など）です。

例：五瓶牛奶十四块多。　（5瓶の牛乳が14.1元、14.2元……）

❹ 数字の後に“来”を加えて、「およそ、ほぼ」の意味を表します。

数詞（0で終わる）＋来＋量詞（＋名詞）

例：书架上有三十来本书。

我家到学校有五十来里路。

数詞（1……9で終わる、または10）＋量詞＋来（＋名詞）

ここでの量詞は一般的に連続量詞です。

例：我家到学校有五里来路。

比べてみましょう：十来斤米、十斤来米

十多斤米、十斤多米

❺ “几、两”を活用して概数を表すことができます。

“几”が表す概数は一般的に「10」以内です。

“两”が表す概数の用法は“几”と基本的に同様です。ただし、“两”は一般的に肯定的な状況にのみ用い、“几”は肯定・否定どちらの状況にも可能です。

例：今天只来了几个学生。

看了这么半天，才买了这么两（几）本。

今天下雨，没来几个学生。

（六）序数詞

序数詞は順番を表す数詞で、基本的な表記方法は、数量の前に“第”を加えることです。

例：第一天、第二个、第五周、第三位

“第”を使わない場合も少なくありません。主には次の場合です。

日付：2001年9月8日
等級：一等、二等、一级
親族の排行〔同世代の長幼の順序〕：大哥、二哥
建物の階数：三楼（层）、八楼（层）
乗り物の便名：头班车、末班车、8路、13路、302次、789次
組織内の構成：一年级、三年级、一班、二班、一组、二组、一车间、二车间
その他の序数を表す方法：头一次、头一天、末一次、初一、初五、老大、老二、老幺

例：你头一次来北京是什么时候?
我是家里的老大，老幺是个女孩。

実戦問題

[1] 完成句子。

1. 仍然　他　没能　从痛苦中
解脱出来

2. 把产品质量　我们公司　一定要
搞上去

3. 把最后 100 米　他　咬牙
坚持下来　了

4. 孩子　经过　终于　抢救
苏醒过来了

5. 窗外　突然　下起　来　倾盆大雨

6. 进了医院　顿时　他的声音　下来
低

7. 他　把　错误　论文中的
改正过来了

8. 他们　公司　将近三十万元的
获得了　利润

9. 他　去年　在香港　住了三个　月
来

10. 女儿的　是　年龄　三分之一
妈妈的

参考解答と訳：

[1] **文を完成しましょう。**

1. **他仍然没能从痛苦中解脱出来。**（彼はいまだに苦しみの中から抜け出せていない）
2. **我们公司一定要把产品质量搞上去。**（私たちの会社は必ず商品の品質を向上させなければならない）
3. **他咬牙把最后 100 米坚持下来了。**（彼は歯を食いしばって最後の 100 メートルを頑張り抜いた）
4. **经过抢救，孩子终于苏醒过来了。/孩子经过抢救终于苏醒过来了。**（応急手当を経て、子供はついに意識がよみがえった。／子供は応急手当を経てついに意識がよみがえった）
5. **窗外突然下起倾盆大雨来。**（窓の外で急にたらいをひっくり返したような大雨が降り出した）
6. **进了医院，他的声音顿时低下来。**（病院に入ると、彼の声は急に低くなった）
7. **他把论文中的错误改正过来了。**（彼は論文の中の誤りを訂正した）
8. **他们公司获得了将近三十万元的利润。**（彼らの会社は 30 万元近い利潤を得た）
9. **他去年在香港住了三个来月。**（彼は去年香港におよそ 3 か月住んだ）
10. **女儿的年龄是妈妈的三分之一。**（娘の年齢は母親の 3 分の 1 だ）

2 看图，用词造句。

1. 钻戒

2. 开心

3. 服装

4. 浪漫

5. 讨论

参考解答と訳：

2 図を見て、単語を使って文を作りましょう。

1. 一枚小小的钻戒中包含了无尽的爱。（1 つの小さなダイヤモンドの指輪に無限の愛が込められている）

2. 小朋友们在草地上玩儿得很开心。（子供たちが野原で楽しそうに遊んでいる）

3. 这些衣服都是中国的传统服装。（これらの服はみな中国の伝統的な衣装だ）

4. 和爱人牵手在海边散步是一件很浪漫的事情。（伴侶と手をつないで海辺を散歩するのは［1 つの］ロマンチックなことだ）

5. 他们坐在一起讨论问题。（彼らは一緒に座って問題を議論している）

6. 合影

7. 判断

8. 模仿

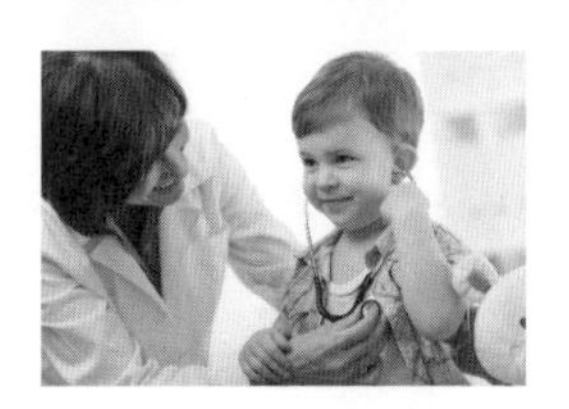

9. 空闲

10. 趴

6. 毕业了，大家合影留念。（卒業して、みんなは一緒に写真を撮って記念に残した）

7. 他对市场情况的判断是正确的。（彼の市場の情況への判断は正確だ）

8. 这个孩子在模仿医生的动作，真可爱。（この子供は医者の動作をまねているところで、本当に可愛らしい）

9. 空闲的时候，她喜欢听音乐。（暇なとき、彼女は音楽を聴くのが好きだ）

10. 他趴在桌子上休息。（彼は机にうつぶせになって休んでいる）

新出単語

仍然	réngrán	（副）	依然として、相変わらず
解脱	jiětuō	（動）	抜け出す
搞	gǎo	（動）	（物事を）する、やる
咬牙	yǎoyá	（動）	歯を食いしばって我慢する
抢救	qiǎngjiù	（動）	応急手当をする
苏醒	sūxǐng	（動）	よみがえる
倾盆大雨	qīngpén-dàyǔ		どしゃ降りの雨
顿时	dùnshí	（副）	直ちに、急に（過去の事柄を叙述するときにのみ用いる）
改正	gǎizhèng	（動）	改正する
将近	jiāngjìn	（副）	（数が）～に近い
利润	lìrùn	（名）	利潤
钻戒	zuànjiè	（名）	ダイヤモンドの指輪
无尽	wújìn	（動）	尽きない、無限の
服装	fúzhuāng	（名）	服装
浪漫	làngmàn	（形）	ロマンチックである
讨论	tǎolùn	（動）	討論する、検討する
合影	héyǐng	（動）	一緒に写真を撮る
留念	liúniàn	（動）	記念に残す
判断	pànduàn	（名）	判断
模仿	mófǎng	（動）	まねる
空闲	kòngxián	（形）	暇
趴	pā	（動）	腹ばいになる、へばりつく

復習と練習

1 填上适当的趋向补语。

1. 外边很冷，你们快进教室（　　　）吧。(说话人在里边)

2. 山上的景色一定很美，我们快爬（　　　）吧。(说话人在下边)

3. 你不是刚出去吗？怎么又（　　　）了？

4. 看到妈妈回来了，孩子们高兴地跑了（　　　）。

5. 这个戒指是我们家祖传（　　　）的，到我这里已经是第四代了。

6. 有问题的同学请把手举（　　　）。

7. 这道菜看（　　　）不怎么样，吃（　　　）味道还不错。

8. 如果天气再冷（　　　），这些植物都要被冻死了。

9. 我看（　　　）了，她一定是你的女朋友。

10. 作业本发下来后，一定要把写错的地方改（　　　）。

参考解答と訳：

1 ふさわしい方向補語を入れましょう。

1. 外边很冷，你们快进教室（来）吧。（話し手は中にいる）（外は寒い、［あなたたちは］早く教室に入ってきなさいよ）

2. 山上的景色一定很美，我们快爬（上去）吧。（話し手は下にいる）（山の上の風景はきっと美しいでしょう、［私たちは］早く登っていきましょうよ）

3. 你不是刚出去吗？怎么又（回来）了？（あなたは今出ていったばかりじゃないの？　どうしてまた戻ってきたの？）

4. 看到妈妈回来了，孩子们高兴地跑了（过去）。（母親が戻ってきたのを見て、子供たちは喜んで駆けていった）

5. 这个戒指是我们家祖传（下来）的，到我这里已经是第四代了。（この指輪は私たちの家の祖先に伝わってきたもので、私のところに来てもう４代目だ）

6. 有问题的同学请把手举（起来）。（質問がある学生は手を挙げてください）

7. 这道菜看（起来）不怎么样，吃（起来）味道还不错。（この料理は見たところ何でもなさそうだが、食べてみると味はなかなかよい）

8. 如果天气再冷（下去），这些植物都要被冻死了。（もし天気がもっと寒くなったら、これらの植物はみな凍って枯れてしまうだろう）

9. 我看（出来）了，她一定是你的女朋友。（［私は］分かった、彼女はきっとあなたのガールフレンドでしょう）

10. 作业本发下来后，一定要把写错的地方改（过来）。（宿題のノートが配られたら、必ず書き間違ったところを訂正してください）

2 改错句。

1. 你怎么把汽车停起来了?

2. 我一说开始，大家就一起唱了下去。

3. 病人昏上来了，得马上抢救。

4. 虽然遇到了很多困难，但我还是坚持起来了。

5. 我很饿，吃了三碗米饭半。

6. 他们大学的国际交流学院大约有二十、三十个日本留学生。

7. 他每个月的工资至少五千元以上。

8. 我看出去了，你们两个人是两口子。

9. 同学们陆续走进来图书馆。

10. 听了朋友的劝说，他慢慢冷静上来了。

参考解答と訳：

2 間違った文を直しましょう。

1. **你怎么把汽车停下来了?**（あなたはなぜ車を止めたのですか？）
2. **我一说开始，大家就一起唱了起来。**（私がはじめと言うと、みんなはすぐ一緒に歌いはじめた）
3. **病人昏过去了，得马上抢救。**（病人は気を失った、すぐに応急手当しなければ）
4. **虽然遇到了很多困难，但我还是坚持下来了。**（多くの困難に出会ったが、私はそれでも持ちこたえてきた）
5. **我很饿，吃了三碗半米饭。**（私はお腹が空いて、3杯と半分のご飯を食べた）
6. **他们大学的国际交流学院大约有二三十个日本留学生。**（彼らの大学の国際交流学院には、およそ2、30人の日本人留学生がいる）
7. **他每个月的工资至少五千元。/ 他每个月的工资都在五千元以上。**（彼の毎月の給料は少なくとも5000元だ。／彼の毎月の給料は5000元以上はある）
8. **我看出来了，你们两个人是两口子。**（[私は] 分かった、あなたたち2人は夫婦でしょう）
9. **同学们陆续走进图书馆来。**（クラスメイトたちは続々と図書館に入ってきた）
10. **听了朋友的劝说，他慢慢冷静下来了。**（友人のアドバイスを聞いて、彼はだんだん冷静になってきた）

3 仿照例句，扩写句子。

例句：他打电话。

→他给女朋友打电话打了一个小时。

1. 他吃饭。

2. 我去长城。

3. 他等女朋友。

4. 我明白了道理。

5. 同学们唱歌。

6. 民间流传故事。

7. 玛丽寻找动物。

8. 他考上了大学。

9. 老师要开会。

10. 他摔倒了。

参考解答と訳：

3 例文にならって、文に書き加えましょう。

例：彼は電話をかけた。→彼はガールフレンドに1時間電話をかけた。

1. 他一口气吃了三碗饭。（彼はいっぺんに３杯のご飯を食べた）

2. 我和朋友们一起去了八达岭长城。（彼は友人たちと一緒に八達嶺の長城に行った）

3. 他站在空空的街道上，焦急地等待着上夜班晚归的女朋友。（彼はがらんとした通りに立って、イライラしながら夜勤で帰りが遅いガールフレンドを待っている）

4. 我终于明白了“良药苦口利于病”这个道理。（私はとうとう「良薬は口に苦し」という道理が分かった）

5. 同学们兴高采烈地唱着一首首刚学会的新歌。（クラスメイトたちは喜びにあふれて１曲また１曲と覚えたばかりの新しい歌を歌っている）

6. 民间流传着许多美丽的爱情故事。（民間にはたくさんの美しい愛情物語が伝わっている）

7. 玛丽翻山越岭寻找受伤的野生动物。（マリーは山を登り嶺を越えて負傷した野生動物を探した）

8. 他终于考上了那所有名的大学。（彼はとうとうあの有名大学に合格した）

9. 下午三点，全体英语老师要到409房间开会。（午後３時には、すべての英語教師が409号室に行って会議をする）

10. 雪后路滑，他一不小心摔倒在雪地里了。（雪の後は道が滑り、彼は不注意に雪の地面に転んで倒れてしまった）

第1週

週末の振り返りと力だめし

標点符号と作文の書式

一 標点符号（句読点・符号）

会話の中では、私たちは話し手の語気からその態度や感情を判断することができます。でも文章では、声や語気を耳で聞き取ることはできません。では、どうやって正確に判断するのでしょうか？　ここで助けとなるのが「標点符号」（句読点・符号）です。標点符号は書き言葉の構成要素で、作文には欠かせない補助ツールです。書き表したい考えや感情をより巧みに表現し、書かれた内容を更によく理解するのを助けてくれます。標点符号を正確に使うことは、よい文章を書くための重要なポイントです。中国語でよく使われる標点符号には、どんなものがあるでしょうか？　どうやって使うのでしょうか？　一緒に見ていきましょう！

中国語でよく使われる標点符号

名称	記号	使い方	例
句号（句点）	。	文末に用い、陳述文であることを表します。	长江是中国第一大河。 長江は中国第一の大河だ。
逗号（カンマ）	，	文中の一般的な休止を表します。	今天天气很好，同学们一起去北海公园游玩。 今日は天気がよく、クラスメイトたちは一緒に北海公園へ遊びに行く。
顿号（読点）	、	文中で並列する単語またはフレーズの間の休止を表します。	这种机器的优点是结构简单、制造容易、操作方便、性能稳定。 こういった機械の良いところは構造がシンプルで、製造しやすく、操作に便利で、機能が安定していることだ。

分号 （セミコロン）	;	一文の中で並列する単文の間の休止を表します。	春天，阳光明媚；夏天，骄阳似火。 春は、陽光が美しい。夏は、日差しが焼け付くようだ。
冒号 （コロン）	:	後に続く文を提示し、注釈・説明があることを表します。	经验告诉我们：正确的认识来源于社会实践。 経験は私たちに教えてくれる。正確な認識は社会での実践に由来するものだ。
问号（疑問符）	?	疑問文の後に用います。	你们几点上课？ あなたたちは何時に授業に出ますか？ 我怎么能不去呢？ 私はどうして帰れるだろうか？
感叹号 （感嘆符）	!	1. 感嘆文の末尾の休止を表します。	太棒了！ 素晴らしい！
		2. 強い感情を表します。	这里禁止拍照！ ここでは撮影禁止です！
引号 （引用符）	“ ”	1. 直接引用する部分を表します。	老师对学生说：“下课后把作业交上来。” 先生は学生に言った。「授業が終わったら宿題を提出してください」
		2. 特殊な含意のある言葉を表します。	他们当中许多人是品德好、学习好、身体好的“三好学生”。 彼らの多くの人は人柄に優れ、成績が優秀で、身体も健康な「三好学生」だ。
括号 （パーレン）	（ ）	文中の注釈部分を表します。	这篇小说中的环境描写（无论是野外的还是室内的）处处精彩。 この小説での環境の描写（野外と室内にかかわらず）はどこも精彩を放っている。
省略号 （省略記号）	……	文中の省略部分を表します。	这个水果店里有苹果、橘子、葡萄……品种齐全，价格实惠。 この果物店にはリンゴ、オレンジ、ブドウなどがあり、種類も揃っており、値段も手頃だ。

破折号 （ダッシュ）	——	1. 後に続いて解釈・説明する部分を表します。	他来到了祖国的首都——北京。 彼は祖国の首都——北京へやって来た。
		2. 音声の延長を表します。	"叮咚——"门铃响了。 「リンリン——」ドアのベルが鳴った。
		3. サブタイトルの前に用います。	沙漠里自由的灵魂 ——读三毛《撒哈拉的故事》有感 砂漠の自由な魂——三毛『撒哈拉的故事』を読んで。
连接号 （ハイフン）	—	時間・地点・数などの始めと終わりを表します。	苏轼（1037—1101），北宋著名文学家。 蘇軾（1037—1101）は、北宋の著名な文学者だ。 北京—上海高铁 北京—上海新幹線
书名号 （書名符号）	《　》	書籍・文書・雑誌・文章などの名称を表します。	《红楼梦》『紅楼夢』 《人民日报》『人民日報』 《阿Q正传》『阿Q正伝』
间隔号 （中ぐろ）	·	1. 月と日付の境目を表します。	"一二·九"运动 「一二・九」運動
		2. 外国人名・少数民族の人名の中の区切りを表します。	诺尔曼·白求恩 ノーマン・ベチューン 阿依古丽·买买提 アイグリ・モハマド

二 中国語の作文の書式

第2週目からは、短い文章の作文トレーニングに入ります。短い文章は1つの文とは違い、書き方に一定の書式があります。具体的には、どんなものでしょうか？　一緒に見ていきましょう。

1 ▶ タイトルは中央に書きます。
著者名はタイトルの下の行の中央に、または右に寄せて書きます。

2 ▶ 段落の書き出しは 2 マス分空けます。

3 ▶ 標点符号の位置

- 句点（。)、疑問符（?)、感嘆符（!)、カンマ（,)、読点（、)、セミコロン（;)、コロン（：）は一般的に1マス分のスペースをとりますが、行の最初に来てはいけません。
- 引用符（“”)、パーレン（()）、書名符号（《》）の起こしのカッコは行の最後に来てはいけません。閉じのカッコは行の最初に来てはいけません。
- ダッシュ（——）と省略記号（……）はどちらも2マス分のスペースをとります。

練習 1

一、看书写格式范例，并给第二段加上标点。

								落	花	生									
																	许	地	山
		我	们	家	的	后	园	有	半	亩	空	地	。	母	亲	说	:“	让	它
荒	着	怪	可	惜	的	，	你	们	那	么	爱	吃	花	生	，	就	开	辟	出
来	种	花	生	吧	。”	我	们	姐	弟	几	个	都	很	高	兴	，	买	种	、
翻	地	、	播	种	、	浇	水	，	没	过	几	个	月	，	居	然	收	获	了。
		母	亲	说		今	晚	我	们	过	一	个	收	获	节		请	你	们
的	父	亲	也	来	尝	尝	我	们	的	新	花	生		好	不	好		母	亲
把	花	生	做	成	了	好	几	样	食	品		还	吩	咐	就	在	后	园	的
茅	亭	里	过	这	个	节													
		那	晚	上	天	色	不	大	好	。	可	是	父	亲	也	来	了	，	实

在	很	难	得	。															
		…	…	…	…														

参考解答と訳

第一題

一、作文の書式の模範例を見て、第 2 段落に標点符号を入れなさい。

		母	亲	说	:“	今	晚	我	们	过	一	个	收	获	节	，	请	你	们
的	父	亲	也	来	尝	尝	我	们	的	新	花	生	，	好	不	好	?”	母	亲
把	花	生	做	成	了	好	几	样	食	品	，	还	吩	咐	就	在	后	园	的
茅	亭	里	过	这	个	节	。												

落花生

許地山

我が家の裏庭には、半ムーの空き地があった。母親は言った。「荒れさせておくのは何としても惜しいから、お前たちはそんなに落花生が好きなのだから、耕して落花生を植えたらどうだい」。私たちきょうだい数人はみな喜んで、種を買い、地を耕し、種を蒔き、水をやり、なんと数か月もしないうちに収穫した。

母親は言った。「今夜は収穫祭をして、お父さんにも私たちの新しい落花生を食べてもらおうよ、どうだい？」母親は落花生で何種類もの食べものを作り、それから裏庭のあずまやでこのお祭りをするように言った。

その夜の空模様はあまりよくなかった。だが父さんもやってきて、本当にめったにないことだった。

…………

練習 2

二、给下面一段话加上标点。

一位先生来到一个工地　看到三个工人在干同样的活儿　于是他问其中的一位在做什么　那个工人回答道　你都看到了　我在做一块砖　那位先生又问第二个工人在忙什么　他一脸不高兴地回答　我在做一个窗户　第三个工人在听到同样的问题后兴高采烈地回答说　我在盖一座教堂

◎参考解答と訳

第二题

一位先生来到一个工地，看到三个工人在干同样的活儿，于是他问其中的一位在做什么。那个工人回答道："你都看到了，我在做一块砖。"那位先生又问第二个工人在忙什么，他一脸不高兴地回答："我在做一个窗户。"第三个工人在听到同样的问题后兴高采烈地回答说："我在盖一座教堂！"

二、下の段落に標点符号を加えなさい。

ある人がとある建設現場にやってきて、３人の労働者が同じような作業をしているのを目にした。そこで彼はその中の１人に何をしているのか尋ねた。その労働者は答えた。「見れば分かるだろう、レンガを作っているんだよ」。その人がまた２人目の労働者に何をしているのか尋ねると、彼はつまらなそうに答えた。「窓を作っているんだよ」。３人目の労働者は同じような質問を聞くと上機嫌で答えた。「教会を建てているんだよ！」

第２週

与えられた単語から短い文章を書く

今週から、私たちの勉強は短い文章を書くトレーニングに入ります。正確に単語を使い、理路整然と、明確に、さらに中国語作文の標準的な表記ルールにのっとれば、きちんとした短い文章を書くことができます。今週の練習問題の実戦部分では、HSK ５級の作文で求められる第２段階――単語を使った短い文章の作文に入ります。先週の蓄積があれば、みなさんはもう単語と文についてある程度の基礎ができていることでしょう。では、どうやったら１つひとつの文から中国語の作文ルールに合った短い文章を構成することができるのでしょうか？　文法ルールに沿って正確に単語を使うほかに、いかに論理的に文を並べるかを知る必要があります。同時に、中国語作文の標準的な書式と標点符号の使い方も押さえましょう。ですから、先週末の「知っておこう」の内容をしっかり覚えてくださいね。

月曜日

補語（三）量詞

今日の文法部分では、先週に続いて文の成分の中の補語について勉強します。最初に学ぶ数量補語は、動作・変化の数量を表し、動量補語・時量補語があります。次に、可能補語と介詞フレーズ補語です。これらはそれほど複雑ではないので、それぞれが表す意味と一部の固定的な用法を覚えさえすれば、たやすく理解できるでしょう。

単語の部分では、今日は一緒に量詞を学んでみましょう。

■要点のまとめ
数量補語／可能補語／介詞フレーズ補語／量詞

一、補語

（一）数量補語

数量・時間を表す名詞を動詞の後に置いて、動作・変化の数量を表し、こういった文の成分を数量補語と言います。数量補語は以下のように分かれます。

❶ 動量補語：動作・行為を行う回数を表します。

1) 動詞＋了／过＋動量補語

例：这本书我看了三遍。
　　这道菜我吃过一次。

2) 動詞＋了／过＋動量補語＋目的語（一般名詞）

一般名詞が目的語となる場合、動量補語の後に置きます。

例：来中国后，我去过两次长城。
　　他吃过三次烤鸭。

3) 動詞＋了／过＋目的語（人）＋動量補語

目的語が特定の人を表す場合、一般的に動量補語の前に置きます。

例：那个司机骗过我一回。

我去医院看过小王两次了。

❷ 時量補語：動作・状態の持続する時間の長短を表し、時間を表す単語を当てます。

1) 動詞＋了＋時量補語

例：我休息了三十分钟。

他站了一个小时。

2) 動詞＋了＋時量補語＋目的語（一般名詞）

一般名詞が目的語となる場合、時量補語の後に置きます。

例：我们开了一晚上会。

3) 動詞＋（了）＋目的語（人や場所）＋時量補語

目的語が特定の人や場所を表す場合、一般的に時量補語の前に置きます。

例：我等了你一个小时了。

我来中国一年多了。

（二）可能補語

可能か不可能かを表し、構造としては一般的に動詞の後に“得＋結果補語／方向補語”を加えます。

❶ 基本的性格

1) 肯定形は、よく疑問文やその答えの文の中に用いられます。

例：——我说的话你听得懂吗？——听得懂。

2) 否定する場合、“得”は“不”に変えます。肯定形と否定形を組み合わせて反復疑問文にすることができます。

例：房间里太黑了，我什么也看不见。

衣柜有点儿小，这个包放得进去放不进去？

3) 目的語は補語の後に置くことも、主語の前に置くこともできます。

例：我看得清楚黑板上的字。

黑板上的字我看得清楚。

❷ 固定的用法

1)“動詞＋得／不＋了（liǎo）”で、動作が実現または完了できるかどうかを表します。

例：我肚子疼，今天的运动会参加不了了。

点了这么多菜，我们怎么吃得了？

2)“動詞＋得／不＋来”で、慣れているかどうかを表し、よく“说、吃、住、合”などの動詞が用いられます。

例：他们是好朋友，很合得来。

香菜有一种特殊的味道，我吃不来。

3)“動詞＋得／不＋住”で、持ちこたえられるか、できるかどうかを表します。

例：他这个人靠不住，你别相信他。

不用扶我，我站得住。

4)“動詞＋得／不得”で、行うことができるかどうかを表します。

例：那里为什么你去得我就去不得？

这个人你可小看不得。

5)“怪不得、恨不得、巴不得、值得、不值得、舍得、舍不得”といった言い方は固定的な構造で、1つの単語に相当し、可能補語ではありません。

例：怪不得他的汉语说得那么好呢，原来他来中国已经四年了。

我巴不得能去你家做客呢。

（三）介詞フレーズ補語

“動詞／形容詞＋于／自／向／在／到”などは、時間・場所・方向・比較などの意味を表します。

例：马克思诞生于1818年。

我们来自五湖四海。

他经常工作到黎明才睡觉。

我把本子放在桌子上了。

二、量詞

量詞は人・ものごと・動作量の単位を表す単語で、名量詞と動量詞に分かれます。

（一）名量詞

中国語の数詞は一般的に名詞と直接つなげて使うことはできず、間に量詞が必要です。人・ものごとの数量単位を表す単語を、名量詞といいます。名量詞は専用名量詞〔度量詞・個体名量詞・集合量詞・不定量詞〕と借用名量詞に分かれます。

例：那家工厂经营状况不好。

这段回忆对他有着非常特殊的意义。

❶ 度量詞：度量衡の計算単位も量詞とすることができます。

長さの単位：公里、里、米、厘米、尺、寸

重さの単位：吨、公斤、斤、两、克、钱

面積の単位：平方公里、公顷、平方米、亩、分

容量の単位：升、毫升

体積の単位：立方米、立方分米、立方厘米

❷ 個体名量詞とその例

把：斧子、铲子、尺子、刀、剑、火、筷子、伞、刷子、梳子、锁、钥匙、椅子、暖壶、剪刀

包：香烟、糖果

杯：茶、牛奶、水、酒

本：书、小说、杂志、词典、账本、地图

笔：交易、钱、收入、债务、账

部：电影、小说、电话

册：书、画报

场：比赛、冰雹、革命、病、电影、戏、雨、雪、战斗、战争

袋：米、花生

道：菜、彩虹、关口、光、闪电、眉毛、命令、题目

滴：水、汗、油、血、雨、眼泪、酒

顶：帽子、帐篷

段：话、故事、电线、铁丝、经历、历史

顿：饭

朵：花、云

份：报纸、工作、工资、礼物、文件、杂志

封：信

幅：字画、标语

根：扁担、骨头、管子、火柴、筷子、蜡烛、头发、绳子、针、香肠、黄瓜

家：报社、饭店、商店、工厂、电影院、旅馆、企业、医院、银行

架：飞机
间：房间、教室
件：家具、礼物、商品、上衣、衣服、行李、乐器、事情
节：课、车厢、电池、竹子
届：毕业生、运动会
句：话、口号、诗
棵：菜、草、树、小麦
颗：钉子、瓜子、糖、心、星、牙齿、炸弹、珠子
口：锅、井、人
块：手表、肥皂、玻璃、冰、泥、石头、田地、砖、蛋糕、姜、点心、饼干、糖、西瓜、月饼
粒：豆子、米、花生米、药、种子、沙子
辆：汽车、自行车、摩托车、坦克
列：火车
门：功课、学问、炮
面：旗帜、镜子、墙
匹：马、布
篇：课文、日记、作文、文章、论文
片：树叶、面包、瓦、云、森林、草地、心意
扇：门、窗户
首：歌、诗、乐曲
束：花
艘：船、货轮
所：大学、学院、学校、研究院、医院
台：机器、电视机、收音机、空调、录音机
条：江、河、床单、领带、裤子、裙子、毛巾、绳子、虫子、鱼、狗、船、胳膊、路、街、理由、标语、新闻
头：驴、牛、大象、猪
丸：药
碗：饭、汤、酒
位：客人、女士、先生
项：工作、计划、调查、研究、任务、仪式、活动、制度、建议

则：消息、新闻、寓言故事

盏：灯

张：票、报纸、地图、画、表格、照片、邮票、纸、床、桌子、嘴、弓

阵：风、雨、掌声

支：笔、蜡烛、队伍、军队、歌、箭

只：狗、狐狸、鸡、虾、老虎、猫、蜜蜂、鞋、脚、眼睛、耳朵

尊：塑像

座：城市、宫殿、山、楼房、水库、碑

❸ 集合量詞：2 つまたはそれ以上の個体からなる人やものごとに用います。

帮：坏人、强盗

串：鞭炮、葡萄、糖葫芦、钥匙

打：鸡蛋、铅笔、啤酒

对：翅膀、耳环、夫妻

副：牌、象棋、手套、眼镜、中药、对联

伙：人、歹徒、强盗

批：货物、学生、书

群：人、孩子、牛、马、羊

双：手、脚、眼睛、筷子、鞋、袜子

套：办法、家具、衣服、邮票、房子

❹ 不定量詞：一般的に数詞の“一”としか結合できません。ただし、“些”は“好些”と言うこともあり、「多い」ことを表します。

些：一些人、一些食品、好些天

点儿：一点儿水、一点儿饭

注意：“有点儿”は副詞で、程度が低いことを表し、動詞・形容詞の前に置きます。

例：有点儿冷、有点儿饿

“(一) 点儿”は数量詞で、少ないことを表し、名詞の前に置きます。

例：吃了一点儿面包、喝点儿水

❺ 借用名量詞

一部の名詞は場合によって量詞として使われることがあります。

例：一身衣服、一桌子菜、一车货物、一屋子人

“一＋借用名量詞（＋的）＋名詞”は「多い、いっぱいだ」の意味を表すことができます。

例：洒一地（的）水、出一脸（的）汗、喝一肚子（的）啤酒、摆一桌子（的）书
他这个人一肚子坏点子，你小心点儿。　你看，弄了一手泥，快洗洗！

（二）動量詞

動量詞は、動作や変化の回数の単位を表す量詞で、文中では主に補語となります。

❶ 専用動量詞

次：一般的に反復して出現可能な動作に用います。

例：这部电影我看了两次，都没看完。

下：一般的に短時間の動作に用いたり、語気を和らげるはたらきをしたりします。

例：他点了好几下头。　你来帮我搬一下桌子吧。

回：一般的に何度も行うことができる動作に用い、名量詞となることもできます。

例：长城我去过三四回了。　这两件事不是一回事。

顿：食事をする、勧める、叱るなどの動作に用います。

例：我最近每天吃四顿饭。　考试不及格，他被妈妈批评了一顿。

阵：動作が行われる一定の時間を表します。

例：雨下了一阵就停了。　他觉得身上一阵冷，一阵热。

场：スポーツの試合、芸能の発表などの活動や、雨や雪などの自然現象に用います。

例：恋爱这么久，我们没一起看过一场电影。
婚姻失败了，他大哭了一场。　昨天下了一场大雪。

趟：往復する行動の回数を表します。

例：为了买这本书，我今天去了三趟书店。　她去年去了一趟法国。

遍：最初から最後までの全過程であることを強調します。

例：这部电影我看了三遍。　今天的作业是把生词写三遍。

番：時間・労力を費やして完了することに用います。

例：调查一番、讨论一番、研究一番

❷ 借用動量詞

道具や人体の部位の名詞を表し、動量詞として用いることもできます。

例：打了一针、踢了一脚

他被狗咬了一口。　　他偷偷看了她一眼，笑了。

実戦問題

1 完成句子。

1. 曾经　李老师　辅导过　他　三次

2. 他　颐和园　一连　去　三次　了

3. 我们　好几个小时　参观了　工业展览会　的

4. 我　学习了　已经　在北大　三个月　了

5. 我　想不起来　一时　在哪儿　他　见过

6. 我们班　世界　同学　来自　各地

7. 我的　视力　越来越　现在　差

8. 妈妈的话　听不进去　他　一句　也

9. 妈妈　一桌子的　亲手做　了　饭菜

10. 小猫的　精美的　项链　脖子上　挂了　一串

参考解答と訳：

1 文を完成させましょう。

1. 李老师曾经辅导过他三次。（李先生は以前彼の補習を 3 度したことがある）
2. 他一连去了三次颐和园。/ 他一连去了颐和园三次。（彼は合わせて 3 度頤和園に行った。／彼は合わせて頤和園に 3 度行った）
3. 我们参观了好几个小时的工业展览会。（私たちは何時間も工業展覧会を見学した）
4. 我已经在北大学习了三个月了。（私はもう北京大学で 3 か月勉強している）
5. 我一时想不起来在哪儿见过他。（私は彼とどこで会ったのかすぐには思い出せない）
6. 我们班同学来自世界各地。（私たちのクラスの学生は世界各地から来ている）
7. 现在我的视力越来越差。/ 我的视力现在越来越差。（今私の視力はますます悪くなっている。／私の視力は今ますます悪くなっている）
8. 妈妈的话他一句也听不进去。（母親の言うことを彼は一言も聞こうとしなかった）
9. 妈妈亲手做了一桌子的饭菜。（母親は自らテーブルいっぱいの料理を作った）
10. 小猫的脖子上挂了一串精美的项链。（子猫の首に［1 本の］美しいネックレスが掛かっている）

2 请结合下列词语（要全部使用，顺序不分先后），写一篇 80 字左右的短文。

1. 习惯　中国　发现　词典　周围

✦ヒントと参考解答訳：

2 下の単語を組み合わせて（すべて使うこと。順序は問わない）、80 字程度の短い文章を書きましょう。

1) 与えられた単語を意味のうえから一緒に繋げましょう。

来中国（中国に来る）——不太习惯（あまり慣れていない）——周围的人和事（まわりの人や出来事）——发现问题（困ったことが見つかる）——使用词典（辞書を使う）

2) 上のそれぞれの内容について考え、自分に必要な材料を揃えましょう。

中国に来る：いつ？　なぜ？　誰と一緒に？

あまり慣れていない：何に慣れていない？　言葉？　気候？　食べもの？　住む場所？

まわりの人や出来事：まわりの人はどうか？　彼らの言葉や外見はどうか？　まわりにはどんな場所がある？　どんなことが起こる？

困ったことに気づく：どんな困ったことか？　生活で、それとも勉強で？

辞書を使う：辞書を使って何をする？　どんな状況で使う？

3) 想像をめぐらせ、出来事の起こる順番と過程を組み立て、1 つのストーリーとして展開して短い文章を書きましょう。

我刚来中国的时候，有点儿不习惯，因为周围到处是黑眼睛、黑头发的人。虽然我在俄罗斯已经学过两年汉语了，可到了这儿以后却发现中国人说的话我都听不懂。所以，我经常查词典学习汉语，词典成了我最好的朋友。
（私は中国に来たばかりのとき、まわりはどこでも黒い目と黒い髪の人ばかりなので、あまり慣れなかった。私はロシアでもう2年中国語を勉強していたが、ここに来て中国人の話が全く聞き取れないことに気づいた。そこで、私はいつも辞書を引いて中国語を勉強し、辞書は私のいちばんの親友になった）

2. 火车　旅游　游览　打听　漂亮

✦ヒントと参考解答訳：

1）与えられた単語を意味のうえから一緒に繋げましょう。

去旅游（旅行に行く）——坐火车（鉄道に乗る）——很漂亮（美しい）——想游览（観光したい）——到处打听（あちこち尋ねる）

2）上のそれぞれの内容について考え、自分に必要な材料を揃えましょう。

旅行に行く：いつ？　どこへ旅行に行く？　誰と一緒に行く？　どうやって行く？

鉄道に乗る：どこで鉄道に乗る？　何時間鉄道に乗る？

美しい：何が美しい？　どんなふうに美しい？

見物したい：どこを見物したい？

あちこち尋ねる：誰に尋ねる？　どうやって尋ねる？

3）想像をめぐらせ、出来事の起こる順番と過程を組み立て、1つのストーリーとして展開して短い文章を書きましょう。

今年暑假，我和朋友们一起坐火车去上海旅游。上海很大，也很漂亮，有很多高楼大厦，人也很多。我们想去外滩游览，可是不知道怎么坐车。我们到处打听，终于来到了外滩，看到了外滩的美景。（今年の夏休み、私は友人たちと一緒に鉄道で上海に旅行に行った。上海は広くて、美しく、たくさんの高層ビルがあった。私たちは外灘に行きたかったが、乗りものにどう乗ればいいか分からなかった。私たちはあちこち尋ねて、やっと外灘に着き、外灘の美しい景色を目にした）

新出単語

一连	yìlián	（副）	引き続き、続けざまに
视力	shìlì	（名）	視力
精美	jīngměi	（形）	精巧で美しい、精美である
挂	guà	（動）	掛ける、掛かる
串	chuàn	（量）	つながっているものを数える
项	xiàng	（量）	事物の種類、項目を数える
外貌	wàimào	（名）	外貌、みかけ
扩展	kuòzhǎn	（動）	拡大する、広げる
游览	yóulǎn	（動）	遊覧する、見物する
打听	dǎting	（動）	尋ねる
高楼大厦	gāolóu-dàshà		大きくて立派な建物、ビルディング
外滩	Wàitān	（名）	バンド（上海の黄浦江岸一帯の地名）
美景	měijǐng	（名）	美しい景色

復習と練習

1 选择适当的词语填空。

懂 了 自 于 动

1. 书桌太重了，我一个人搬不（　）。

2. 他的车被撞坏了，开不（　）了。

3. 这本书是中文的，你看得（　）吗?

4. 我们班的同学来（　）日本、韩国和俄罗斯。

5. 她出生（　）1971 年 9 月 3 日。

口 位 群 批 匹

6. 几（　）专家正在研究这个课题。

7. 草原上一（　）马奔驰而来。

8. 今天客人特别多，刚走了一（　）又来了一（　）。

9. 我家今天又多了一（　）人，因为我刚当上了爸爸。

10. 那一大（　）人围在一起干什么呢?

参考解答と訳：

1 ふさわしい単語を選んで空欄を埋めましょう。

1. 书桌太重了，我一个人搬不（动）。（デスクは重すぎて、私 1 人では運べない）

2. 他的车被撞坏了，开不（了）了。（彼の車はぶつけられて、運転できなくなった）

3. 这本书是中文的，你看得（懂）吗?（この本は中国語ですよ、あなたは見て分かりますか？）

4. 我们班的同学来（自）日本、韩国和俄罗斯。（私たちのクラスの学生は日本・韓国・ロシアから来た）

5. 她出生（于）1971 年 9 月 3 日。（彼女は 1971 年 9 月 3 日に生まれた）

6. 几（位）专家正在研究这个课题。（何人かの専門家が今この問題を研究しているところだ）

7. 草原上一（匹）马奔驰而来。（草原を 1 頭の馬が駆けて来る）

8. 今天客人特别多，刚走了一（批）又来了一（批）。（今日はお客さんが特に多い、1 グループ去ったと思ったらまた 1 グループ来た）

9. 我家今天又多了一（口）人，因为我刚当上了爸爸。（我が家は今日また 1 人家族が増えた、なぜなら私は父親になったばかりだから）

10. 那一大（群）人围在一起干什么呢?（あの大勢の人たちはみんなで取り囲んで何をしているの？）

2 改错句。

1. 昨天我去医院看了一趟他，他恢复得很好。

2. 我已经来三年多了北京。

3. 教室里的光线太暗了，老师写在黑板上的字我看得很清楚。

4. 小李肚子疼，今天的运动会参加得了了。

5. 我恨不得能去你家做客呢。

6. 他经常到凌晨工作才回家睡觉。

7. 客厅里放着一座电视机。

8. 我把了那几个本子交给老师。

9. 阿里这个人靠得住靠不住，你千万不能相信他。

10. 他喝了啤酒一肚子，当然吃不下主食了。

参考解答と訳：

2 間違った文を直しましょう。

1. **昨天我去医院看了他一趟，他恢复得很好。**（昨日私は病院に彼を1度見舞いに行ったが、彼はよく回復していた）
2. **我来北京已经三年多了。/ 我已经来北京三年多了。**（私は北京に来てもう3年あまりになる。／私はもう北京に来て3年あまりになる）
3. **教室里的光线太暗了，老师写在黑板上的字我看不清楚。**（教室の中の光が暗すぎて、先生が黒板に書く字が私はあまりはっきり見えない）
4. **小李肚子疼，今天的运动会参加不了了。**（李さんはお腹が痛くて、今日の運動会に参加できなくなった）
5. **我巴不得能去你家做客呢。**（私はぜひあなたの家に遊びに行きたいですよ）
6. **他经常工作到凌晨才回家睡觉。**（彼はよく明け方まで仕事をしてやっと家に戻って寝る）
7. **客厅里放着一台电视机。**（客間には1台のテレビが置いてある）
8. **我把那几个本子交给了老师。**（私はその何冊かのノートを先生に渡した）
9. **阿里这个人靠不住，你千万不能相信他。**（アリーという人は信用できない、あなたは決して彼を信じないように）
10. **他喝了一肚子啤酒，当然吃不下主食了。**（彼は腹いっぱいビールを飲んで、もちろん主食は食べられなくなった）

③ 用所给词语，按要求写句子。（注意句子成分的正确使用）

1. 项链　买（带可能补语的句子）

2. 参观　小时（带时量补语的句子）

3. 苹果　吃（带动量补语的句子）

4. 材料　交（带介词短语补语的句子）

5. 学费　打听（带动量补语的句子）

6. 电影　遍（带动量补语的句子）

7. 小李　出生（带介词短语补语的句子）

8. 学　第 15 课（带介词短语补语的句子）

9. 等　半个小时（带时量补语的句子）

参考解答と訳：

③ **与えられた単語を使って、指示に従って文を作りましょう。**（文の成分を正確に使うこと）

1.（可能補語のある文）**这条项链太贵了，我买不起。**（このネックレスは高すぎる、私は買えない）

2.（時量補語のある文）**这家工厂很大，我们足足参观了三个小时。**（この工場は大きくて、私たちはたっぷり 3 時間見学した）

3.（動量補語のある文）**这个苹果很酸，她吃了一口就不想吃了。**（このリンゴは酸っぱくて、彼女は 1 口食べると欲しくなくなった）

4.（介詞フレーズ補語のある文）**我已经把复习材料交给老师了。**（私はもう復習の資料を先生に渡した）

5.（動量補語のある文）**你能帮我打听一下学费是多少吗？**（[あなたは私のために] 学費がいくらかちょっと聞いてもらえませんか？）

6.（動量補語のある文）**这部电影拍得太好了，我都看了三遍了。**（この映画はとてもよく撮れている、私は全部で3回見た）

7.（介詞フレーズ補語のある文）**小李出生于 1988 年 5 月。**（李さんは 1988 年 5 月に生まれた）

8.（介詞フレーズ補語のある文）**我们的口语课已经学到第 15 课了。**（私たちの会話の授業はもう第 15 課まで勉強した）

9.（動量補語のある文）**我等了他半个小时，他才来。**（私は彼を半時間待って、彼はようやく来た）

10. 车　进去（带可能补语的句子）

10.（可能補語のある文）这个门有点儿小，车开得进去开不进去？ / 这个门有点儿小，车开得进去吗？（この入り口は少し小さい、車は入って行けますか？／この入り口は少し小さい、車は入って行けますか？）

第一週 月 火 水 木 金 末

第二週 月 火 水 木 金 末

第三週 月 火 水 木 金 末

火曜日

特殊構文（一）数量詞の重ね

これまで、文の6つの成分を詳しく見てきました。主語・述語・目的語・連体修飾語・連用修飾語・補語です。その基本構造はこうなっていました。

（連体修飾語）主語＋［連用修飾語］述語〈補語〉＋（連体修飾語）目的語

（我的）　朋友＋［刚来北京就］喜欢〈上了〉＋（北京）　烤鸭。

今日から、一部の特殊な文を勉強します。それらを構成する成分と語順は普通の文とあまり似ていないため、「特殊構文」と呼びます。では、上の基本構造に合わない、そういった構文を一緒に見ていきましょう。

■要点のまとめ

連動文／兼語文／存現文／数量詞の重ね

一、特殊構文

特殊構文は、どこが特殊なのでしょうか？　今までに学んだ基本構文とどこが違うのでしょうか？　今からそれぞれ確かめていきましょう。

（一）数量補語

❶ 2つまたはそれ以上の動詞や動詞フレーズを繋げて述語とし、しかも1つの共通の主語を持っている場合、こういった文を連動文といいます。

例：他　去　邮局　寄　包裹。

　　你　有　权利　发表　意见。

❷ 2つの動詞（動詞1と動詞2）の関係

1) 2つの動作が順番に起こります。

例：他　去　学校　上课。

　　他　打开　门　进　了　教室。

2) 動詞2は動詞1の目的となります。

例：我　去　医院　看病。

　　我　回　家　取　词典。

3) 動詞１は動詞２の方法を表します。

例：我　坐　飞机　来　中国。

　　他们　用　日语　聊天儿。

❸ 文法の特徴

1) 動詞１と動詞２の順序を変えることはできません。

例：今天我　骑　自行车　来　学校。(今天我来学校骑自行车。×)

2) "了"は動詞２の後あるいは文末に置きます。

例：我　去　超市　买　了　一个本子。(我去了超市买一个本子。×)

　　他们　坐　飞机　去　上海　了。

3) 連用修飾語は一般的に動詞１の前に置きます。

例：我　[跟朋友一起]　去　商店　买　礼物。

（二）兼語文

❶ **兼語文は１つの動詞・目的語構造と１つの主語・述語構造が組み合わせられた構成で、前半の動詞の目的語が後半の動詞の主語を兼ねています。**

例：老师让同学们交作业。

　　他的话使我非常生气。

❷ **兼語文の中の動詞１は、一般的に以下の種類に分かれます。**

1) 使役の意味を表すもの　例：使、让、叫、派、请、邀请、令、逼、命令、强迫、吩咐、打发、要求。

例：我们请小李唱支歌好吗?

　　他邀请李老师出席此次会议。

2) 相手への呼称・認識などを表し、"叫、称、认、拜、选、推选"などがあります。この場合、動詞２は"当、做、为"などがよく使われます。

例：同学们一致选小王当代表。

　　他拜李先生为师父。

3) "有、是"を動詞１とする場合があります。

例：他有个中国朋友叫李鹏。

是他救了我的命。

（三）存現文

❶ 存現文は、何らかの場所・時間において、人やものごとが存在・出現・消失したことを表す文です。よく“場所詞／時間詞＋是 / 有 / その他の動詞＋人やものごとを表す単語・フレーズ”の形をとります。

例：桌子上有几个苹果。
1919 年中国发生了“五四”运动。

❷ 文法的特徴

1) 文頭は一般的に場所詞や時間詞となります。

例：前边开来一辆汽车。
海面上升起了一轮红日。
昨天来了几个客人。

2) 文中の述語動詞の後は、一般的に動態助詞“着、了、过”あるいは結果補語・方向補語などが必要です。

例：他们班昨天转走了一个学生。
石碑上刻着几个醒目的大字。

3) 文末の単語・フレーズは一般的に特定のものを指しません。また、前にはよく数量詞やその他の連体修飾語が置かれます。

例：门口停着一辆汽车。
商场里摆放着各种各样的商品。

二、数量詞の重ね

これまでに、私たちは数詞と量詞を学びました。数量詞は動詞・形容詞と同じように重ねることができ、重ね方の違いによって文中で異なる意味を表します。

（一）ＡＡ式

❶ 名量詞をＡＡ式で重ねた場合：

1) 量詞的用法をもつ一部の名詞を含めて、「すべて、例外はない」ことを表します。“天天、月月、年年、家家、户户、人人”などです。一般的に文中で主語あるいは主語の連体修飾語となり、目的語の連体修飾語となることはできません。“天天、月月、年年”などは文中で連用修飾語となることができます。

例：这些留学生个个都是“中国通”。
春节的时候，家家户户贴春联、放鞭炮。
他的话打动了人人的心。（×）
他天天锻炼身体。

2)“重、层”などの量詞の重ねは、「何重（層）にも」の意味を表し、連体修飾語や連用修飾語となることができます。

例：敌人重重包围，但是战士们最终胜利突围。

❷ 動量詞をＡＡ式で重ねた場合：「例外がない」あるいは「多い」ことを表し、一般的に文の主語となります。

例：去唱卡拉 OK，回回都少不了你。（例外がない）
要下雨了，刮起了阵阵狂风。（多い）

❸ 数詞“一”は重ねることができ、「1 つひとつ」の意味を表し、連用修飾語となることができます。

例：我会把那里的情况一一向大家汇报。
老师一一回答学生的问题。

（二）“一＋量詞（＋一）＋量詞”式

連体修飾語となり、一般的に描写に用います。後に“的”を加えることができ、「たくさんの……」の意味を表します。

例：一张张可爱的笑脸，在老师心里留下了难忘的记忆。

（三）“数詞＋量詞＋数詞＋量詞”式

動詞の前に用い、動作のやり方を表します。

例：他一笔一笔认真地写着生字。
同学们两个两个地走进会场。

実戦問題

1 完成句子。

1. 名著　书架上　一排　摆着　世界文学

2. 我们　互相学习　老师　常常　让

3. 我　去　超市　跟家人一起　东西　买

4. 他　我们　请　做客　去他家

5. 白色　几个人　教学楼里　走　出来

6. 最近　迟到　上课　有人　天天

7. 两个两个地　淘汰赛　选手们　进行

8. 生词　一个一个地　要　记　太着急　不能

9. 傍晚　我们　聊天　坐在　葡萄架下

10. 从我家　要　40 分钟　到学校　坐车

参考解答と訳：

1 **文を完成させましょう。**

1. 书架上摆着一排世界文学名著。（本棚には 1 列の世界文学の名著が並べてある）
2. 老师常常让我们互相学习。（先生はよく私たちにお互いに学ばせる）
3. 我跟家人一起去超市买东西。（私は家族と一緒にスーパーへ買物に行く）
4. 他请我们去他家做客。（彼は私たちを自分の家に来るように誘ってくれた）
5. 白色教学楼里走出来几个人。（白い校舎の中から何人かが出てきた）
6. 最近天天有人上课迟到。/ 有人最近天天上课迟到。（最近毎日のように授業に遅れる人がいる。／最近毎日のように授業に遅れる人がいる）
7. 选手们两个两个地进行淘汰赛。（選手たちは 2 人ずつトーナメントを行っている）
8. 生词要一个一个地记，不能太着急。（新出単語は 1 つずつ覚えなさい、あまり焦ってはいけません）
9. 傍晚我们坐在葡萄架下聊天。（夕方私たちはぶどう棚の下に座っておしゃべりをする）
10. 从我家到学校坐车要 40 分钟。/ 从我家坐车到学校要 40 分钟。（私の家から学校まで車に乗って 40 分かかる。／私の家から車に乗って学校まで 40 分かかる）

[2] 请结合下列词语（要全部使用，顺序不分先后），写一篇 80 字左右的短文。

1. 理想　指挥家　艺术　获奖　影响

✦ヒントと参考解答訳：

[2] **下の単語を組み合わせ（すべて使うこと。順序は問わない）、80 字程度の短い文章を書きましょう。**

1) 与えられた単語を意味のうえから一緒に繋げましょう。

我的理想（私の理想）——喜爱艺术（芸術が好き）——当指挥家（指揮者になる）——受……的影响（……の影響を受ける）——表演获奖（発表して賞をもらう）

2) 上のそれぞれの内容について考え、自分に必要な材料を揃えましょう。

私の理想：私の理想は何か？　なぜこのような理想があるのか？

芸術が好き：芸術のジャンルには何があるか？　自分が好きなのは？

指揮者になる：誰が指揮者か？　どこで指揮者になる？

……の影響を受ける：誰の影響を受ける？　影響を受けた結果は？

発表して賞をもらう：何の発表か？　どこで賞をもらう？　自分にとっての意味は？

3) 想像をめぐらせ、出来事の起こる順番と過程を組み立て、1つのストーリーとして展開して短い文章を書きましょう。

我的理想是当一名导演。我生长在一个艺术家庭，父亲是一名乐队指挥家，母亲是音乐学院的老师。受家庭的影响，我从小就喜欢表演艺术，在学校一直积极参加文艺活动，而且在学校的艺术节上获过奖。我要通过自己的努力去实现梦想。（私の理想は、演出家になることだ。私は芸術一家に育ち、父はオーケストラの指揮者、母は音楽学院の教師だった。家庭の影響を受けて、私は小さい頃から芸術の発表が好きで、学校ではずっと文化活動に積極的に参加し、しかも学校の芸術祭では賞をもらっていた。私は自分の努力によって夢想を実現したいと思う）

✦ヒントと参考解答訳：

2. 生日　图书大厦　画册　法国　惊喜

1) 与えられた単語を意味のうえから一緒に繋げましょう。

我去图书大厦（私は図書センターに行く）——朋友过生日（友達が誕生日を迎える）——在法国留学（フランスに留学する）——送给她一本画册（彼女に 1 冊の画集を贈る）——给她一个惊喜（彼女を喜ばせる）

2) 上のそれぞれの内容について考え、自分に必要な材料を揃えましょう。

私は図書センターに行く：なぜ行くか？　どうやって行く？　行って何をする？

友達が誕生日を迎える：どんな友達？　何歳の誕生日？　どうやって誕生日を迎える？

フランスに留学する：いつ行くのか？　どのくらいの期間？　何の専攻を勉強する？

彼女に 1 冊の画集を贈る：どんな画集？　どうして画集を贈る？

彼女を驚喜させる：なぜ彼女は驚喜するのか？　驚喜した後どうなる？

3) 想像をめぐらせ、出来事の起こる順番と過程を組み立て、1 つのストーリーとして展開して短い文章を書きましょう。

　我最近很忙，一直没有机会出去买东西。这个周末我打算去一趟西单

图书大厦，买几本工具书，顺便给朋友选一件生日礼物。朋友在法国的一所音乐学院留学，我要送给她一本有关中国京剧的画册，这份有中国艺术特色的生日礼物，一定能给她一个惊喜。（最近私は忙しく、ずっと買い物に出かける機会がなかった。この週末私は西単の図書センターに行って、何冊か参考書を買い、ついでに友達に誕生日のプレゼントを選ぶつもりだ。友達はフランスのある音楽学院に留学していて、私は彼女に１冊の中国の京劇に関する画集を贈ろうと思う。この中国の芸術的特色のある誕生日プレゼントは、きっと彼女を驚喜させるだろう）

新出単語

名著	míngzhù	（名）	名著
书架	shūjià	（名）	本棚
摆	bǎi	（動）	並べる、置く
淘汰	táotài	（動）	失格させる、淘汰する
选手	xuǎnshǒu	（名）	選手
理想	lǐxiǎng	（名）	理想
指挥家	zhǐhuījiā	（名）	指揮者、コンダクター
艺术节	yìshùjié	（名）	芸術祭
梦想	mèngxiǎng	（名）	夢想
画册	huàcè	（名）	画集
惊喜	jīngxǐ	（名）	驚喜
顺便	shùnbiàn	（副）	ついでに
所	suǒ	（量）	（学校、病院などを数える）
京剧	jīngjù	（名）	京劇
特色	tèsè	（名）	特色、特徴

復習と練習

1 选择填空。

(一) 选择适当的量词重叠形式填空。

阵阵　个个　年年　天天　次次

1. 天气一（　　）暖和起来了。

2. 这些年轻人（　　）都很有出息。

3. 台下响起一（　　）雷鸣般的掌声。

4. 这个工厂（　　）都超额完成生产任务。

5. 我们出去吃饭（　　）都少不了他，可他从不买单。

参考解答と訳：

1 空欄を埋めましょう。

(一) ふさわしい量詞の重ねの方式を選んで空欄を埋めましょう。

1. 天气一（天天）暖和起来了。（天気は1日ごとに暖かくなってきた）

2. 这些年轻人（个个）都很有出息。（この若者たちは1人ひとりみな見込みがある）

3. 台下响起一（阵阵）雷鸣般的掌声。（ステージの下では、ひとしきり雷鳴のような拍手が沸き起こった）

4. 这个工厂（年年）都超额完成生产任务。（この工場は毎年いつもノルマを超えて生産目標を達成している）

5. 我们出去吃饭（次次）都少不了他，可他从不买单。（私たちは食事に出かけるごとに彼を欠かさないが、彼は支払いをしたことがない）

（二）选择句中数量词重叠的意义。

A 表示方式	B 表示很多
C 表示没有例外	D 逐一

1. 整个夏天，大雨一场一场下个不停。（　　）

2. 孩子们个个聪明可爱。（　　）

3. 老师把这几首诗词一一做了详细解释。（　　）

4. 湖里盛开着一朵朵荷花，美丽极了。（　　）

5. 护士一勺一勺地把饭喂到病人嘴里。（　　）

参考解答と訳：

（二）文中の数量詞の重ねが表す意味を選びましょう。

A 方法を表す

B 多いことを表す

C 例外がないことを表す

D 1つひとつ

1. 整个夏天，大雨一场一场下个不停。（夏中、大雨は引きもきらずに降り続いた）（B）
2. 孩子们个个聪明可爱。（子供たちは1人ひとり賢くて可愛い）（C）
3. 老师把这几首诗词一一做了详细解释。（先生はこれらのいくつかの詩句を1つひとつ詳しく解説した）（D）
4. 湖里盛开着一朵朵荷花，美丽极了。（湖にはたくさんの蓮の花が満開で、この上なく美しい）（B）
5. 护士一勺一勺地把饭喂到病人嘴里。（看護師は一匙ずつご飯を病人の口に食べさせた）（A）

2 按要求改写句子。

1. 他为游览八达岭长城来北京。(改成连动句)

2. 我买了一辆汽车，花了二十几万。(改成连动句)

3. 白云在蓝蓝的天空中飘着。(改成存现句)

4. 各种各样的书摆了一桌子。(改成存现句)

5. 同学们说:“你当我们的班长吧。”(改成用“选”的兼语句)

6. 因为改革开放，中国逐渐富强起来。(改成用“使”的兼语句)

7. 我忘了带昨天的作业，所以我要回一趟家。(改成目的关系的连动句)

8. ——你是怎么来中国的？——坐飞机。(将答句改成方式关系的连动句)

9. 一个人从后面跑过来。(改成存现句)

10. ——公司派谁去谈判？——有能力的人。(改成兼语句)

参考解答と訳：

2 **指示に従って文を書き換えましょう。**

1. (連動文に) **他来北京游览八达岭长城。**(彼は北京に八達嶺の長城を見物しに来た)

2. (連動文に) **我花二十几万买了一辆汽车。**(私は 20 万元あまり使って 1 台の自動車を買った)

3. (存現文に) **蓝蓝的天空中飘着白云。**(まっ青な空に白い雲が漂っている)

4. (存現文に) **桌子上摆着各种各样的书。**(机に様々な本が置いてある)

5. (“选”を使った兼語文に) **同学们选他当班长。**(クラスメイトたちは彼を班長に選んだ)

6. (“使”を使った兼語文に) **改革开放使中国逐渐富强起来。**(改革開放は中国をしだいに富強にした)

7. (目的の関係を表す連動文に) **我要回一趟家取昨天的作业。**(私は 1 度家に昨日の宿題を取りに戻らなくては)

8. (答えの文を方法の関係を表す連動文に) **我是坐飞机来中国的。**(私は飛行機で中国に来ました)

9. (存現文に) **后面跑过来一个人。**(後ろを 1 人の人が走ってくる)

10. (兼語文に) **公司派有能力的人去谈判。**(会社は有能な人を派遣して協議させる)

3 扩写句子。

1. 朋友们给我过生日。

2. 我在中国留学。

3. 在沙发上睡觉。

4. 汽车在公路上行驶。

5. 我去旅游。

6. 朋友等我。

7. 他打电话。

8. 桌子上有咖啡。

9. 旅行包在椅子上。

10. 两个人在谈话。

参考解答と訳：

3 文に書き加えましょう。

1. 朋友们在饭店给我过了一个难忘的生日。（友人たちはレストランで私に［1 回の］忘れがたい誕生日を過ごさせてくれた）
2. 我从 2012 年开始在中国北京留学。（私は 2012 年から中国の北京に留学している）
3. 小狗趴在沙发上美美地睡了一觉。（子犬はソファーに寝そべってぐっすりと一眠りした）
4. 一辆运送救灾物资的汽车在公路上飞快地行驶。（［1 台の］災害救援物資を運ぶ車が道路を飛ぶように走っている）
5. 假期我打算去内蒙古旅游。（休暇に私は内モンゴルに旅行に行くつもりだ）
6. 朋友现在正在肯德基等我呢。（友人は今ケンタッキーで私を待っているところだ）
7. 他给女朋友打了一个小时的电话。（彼はガールフレンドに 1 時間電話をかけた）
8. 旁边的桌子上有杯刚刚煮好的咖啡。（傍らのテーブルに［1 杯の］淹れたてのコーヒーが置いてある）
9. 一个旅行包歪歪斜斜地放在椅子上。（［1 つの］旅行カバンが椅子に無造作に置いてある）
10. 教室里两个人正在认真地谈话。（教室の中で 2 人が真剣に話をしているところだ）

水曜日

特殊構文（二） 時間の表し方

今日は、引き続き特殊構文を勉強します。ここで扱う構文は“把、被、使、连”など特定の単語を含むため、それぞれ“把”構文、“被”構文、“使”構文、“连”構文と呼ばれます。1つひとつ見ていきましょう。

■要点のまとめ：
“把”**構文**／“被”**構文**／“使”**構文**／“连”**構文**／**時間の表し方**

一、特殊構文

(一)“把”構文

“把”構文とは、介詞“把”を用いて、動詞がかかる成分を動詞の前に持ってくる構文です。その基本構造はこうなっています。

主語（動作の主体）＋把＋目的語（動作の受け手）＋動詞＋その他
例：老师　把　门　打　开了。

どんな場合に“把”構文を使うのでしょうか？

動作主である主語が、動作の受け手である目的語に処置を行って何らかの結果が生じ、ある変化が起こったり、ある状態になったりした場合にだけ、“把”構文を使うと言われています。

“老师把门打开了”で強調されているのは、ドアに対して“打”〔開ける〕という動作をしたことにより、ドアに“开”〔開いた〕という結果が生じたことです。もしただの一般的な説明であれば、“老师打开门”と言えばよく、“把”構文を使う必要はありません。

では、“把”構文の中で、それぞれの成分の間にはどんな関係があるのでしょうか？　どんなルールや制限があるのでしょうか？

❶ 文の主語は、動作を生み出す人です。

例：老师把门打开了。（“打”という動作は、主語の“老师”が行っています）

❷ **“把”の後の目的語は特定のものを指す必要があり、前に連体修飾語をともなうことが普通です。**

例：请把那本书拿来。　　请把一本书拿来。（×）

我已经把这两本书都看完了。

❸ **“把”構文の述語動詞は常に他動詞で、“把”の後の目的語にかかって影響を及ぼすことができます。以下の動詞は、“把”構文の述語になることはできません。**

“是、有、在”などの判断動詞・存現動詞

“喜欢、讨厌、知道、认识、认为、觉得”などの心理・感覚動詞

“上、下、进、出、过”などの方向動詞

❹ **能願動詞・副詞・時間詞がある場合、これらは“把”の前に置く必要があり、動詞の前には置きません。**

例：上午要把今天的任务分配一下。

他已经把这周的工作安排好了。

❺ **述語動詞の前に“给”を加えてこの動作を強調する場合があり、このとき“给”には実際の意味はありません。**

例：你怎么把这么重要的事给忘了？

❻ **“把”構文の中の述語動詞は単独で使用できず、その他の成分をともなう必要があります。「その他の成分」とは、以下のようなものです。**

1) 結果補語・情態補語・方向補語・時量補語・動量補語

例：你把计划定好了吗？　（結果補語）

这件事把他气得吃不下饭、睡不着觉。（情態補語）

我把你要的那本书带来了。　（方向補語）

她把出发时间提前了一小时。　（時量補語）

他把试卷检查了一遍，才交给老师。　（動量補語）

可能補語は“把”構文には使えません。なぜなら、可能補語が表すのは何らかの結果が現れる可能性であり、動作の結果ではないからです。

例：我把这个句子听得懂。（×）

我听得懂这个句子。　　这个句子我听得懂。

2) 動詞の重ねには、“A 一 A、A 了 A、ABAB、A 一下、AB 一下”などの形があります。

例：你把房间打扫打扫吧。

我把学过的生词又看了看。

3) “把”構文の動詞の後に“了、着”を加えることがあります。“把”構文の動詞の後に“了”しかない場合、動詞は“丢、脱、拆、倒、扔、吃、喝”など、動作が起こるとすぐに結果が現れる動詞である必要があります。動詞の後に“着”しかない場合、多くは命令文であり、動詞には“带、背、拿、摆、举、开”などがあります。

例：他把钱包丢了。

他把厨房里的垃圾倒了。

别忘了把相机带着。

4) “在、到”などから構成される介詞フレーズ補語は、一般的に“把”構文を使う必要があり、目的語の位置や時間の変化を表します。

例：他们把婚礼的时间定在五月中旬。

她把画贴在墙上。

服务员把酒送到客人面前。

(二)“被”構文

“被”構文とは、介詞“被”を用いて構成され、受身の意味を表す構文です。その基本構造はこうなっています。

主語（動作の受け手）＋被＋目的語（動作の主体）＋動詞＋その他

例：门　被　老师　打　开了。

“被”構文を用いると一般的に、動作の受け手である主語が、動作の主体である目的語の処置を受動的に受けて、ある種の変化や結果が生じることを強調します。

❶“被”構文と“把”構文は、その構造の上で以下のような関係にあります。

1) “把”構文とは逆に、“被”構文の動作の主体は目的語の位置にあり、動作の受け手は主語の位置にあります。

例：他被那家大公司录取了。

房间被我打扫干净了。

2) “把”構文と同様に、“被”構文の“被”の後の動詞は、常に何らかの処置を行う意味を持ちます。“被”構文の主語は特定のものを指す必要があります。述語動詞は単独で使用できず、その他の成分をともなう必要があります。能願動詞と否定詞は“被”の前に置きます。動詞の前には強調の語気を表す“给”を置くことができます。

例：这个技术被应用到很多领域。
　　他不会被困难吓倒的。
　　这张桌子已经被别人（给）预订了。

❷ 話し言葉ではよく“被”の代わりに“让、叫”も用い、動作の主体を導きます。

ただし、“被”の後では動作主である目的語が出現しないことがありますが、“让、叫”の後では動作主である目的語は省略できません。

例：我的钢笔被（他）摔坏了。
　　门让风吹开了。　门叫风吹开了。

❸ “被”構文は特に口語では、望ましくない、不愉快なことによく用いられます。

例：他被敌人抓住了。
　　我没带雨伞，被雨淋湿了。

❹ “被”で構成される、受身の意味を表すフレーズは、文中で連体修飾語となることができます。

例：被公司录取的员工都将得到高薪。
　　被老师点名的同学去办公室。

❺ “被／为”＋名詞＋“所”＋動詞（肯定的な意味を表す）は、一般的に書き言葉に用いられます。

例：他见义勇为的行为被（为）大家所称道。
　　万里长城为世人所瞩目。

（三）“使”構文

“使”構文は、“使”によって受動者目的語〔動作を受ける人・物が目的語となるもの〕を導く文を指します。その基本構造はこうなっています。

主語（動作の主体）＋使＋目的語（動作の受け手）＋動詞／形容詞

例：这件事　使　人们　感到意外。

“使”構文は、動作の主体である主語によって、動作の受け手である目的語に後の動作・状態が生じることを表し、“使”は“令、让、叫”などを用いることもできます。

例：他对这件事的处理真令人失望。

大卫的勇气很让同学们佩服。

（四）“连”構文

“连”構文は、強調を表す介詞“连”を用いて、副詞“都、也”と前後で呼応させる構文です。その基本構造はこうなっています。

连＋主語＋　都／也＋動詞フレーズ

例：连　小孩子　都　懂这个道理。

“连”構文の意味上の最大の特徴は、暗に比較・強調の意味を持っていることです。例えば、“连小孩子都懂这个道理”の意味は、「子供が分かるなら、大人なら当然分かる」ということです。“连”の後の主語は名詞・動詞・数量詞・従属部などもなることができます。

名詞：连山上都盖上了楼房。

動詞：这样的事情，我连听都没听说过。（否定形で使われることが多い）

她已经 18 岁了，连衣服都不会洗。

数量詞：这个月他连一天都没休息过。（否定形で使われることが多い）

他连一杯啤酒也没喝完。

従属部：我连他住在哪里都不知道。（従属部は疑問代名詞や不定数詞からなる）

我连这苹果多少钱一斤也不知道，怎么算？

二、時間の表し方

時間詞は、私たちが毎日必ず使うものです。では、中国語の時間の表し方はマスターしていますか？　時間の表し方は、時点・時刻の表し方と、時間の長さの表し方に分けられます。それぞれ見ていきましょう。

（一）時点・時刻の表し方

❶ “天、星期、月、年、世纪”などの表し方

大前天——前天——昨天——今天——明天——后天——大后天
上个星期——这个星期——下个星期
上个月——这个月——下个月
前年——去年——今年——明年——后年
上个世纪——这个世纪——下个世纪
凌晨——早上——上午——中午——下午——傍晚——晚上——夜里——半夜

例：我是去年来北京的。

❷ 時刻の表し方

一点、两点整、三点零四分、五点十分、六点一刻、差五分七点、差一刻八点、九点半、十点三刻、十一点四十、十二点五十

例：我们每天早上八点（8:00）上课。

（二）時間の長さの表し方

一秒钟、一分钟、一刻钟、半（个）小时、一个小时（钟头）、一个半小时、两天、两个星期、三周、四个月、五年、六个世纪、一（个）上午、一（个）晚上、一（个）学期

例：我来中国已经两年了。

（三）注意すべき点

❶ "一月、二月、三月"はある月を指し、時点を表します。

例：我是二月来北京的。

"一个月、两个月"は一定の期間を表し、時間の長さです。

例：我在北京住了两个月了。

❷ "小时"は名詞と量詞を兼ねており、"一个小时"とも"一小时"とも言えます。

例：我坐了一（个）小时汽车。

"钟头"は名詞なので、"个"は省略できず、一般的に口語で用います。

例：他看了两个钟头的电影。

❸ "左右"は、時点・時刻の後にも、時間の長さの後にも置くことができます。

例：五点左右、五个小时左右

"前后"は時点・時刻の後にしか置くことができません。

例：五点前后、春节前后、圣诞节前后

❹ “半”は時点・時刻にも、時間の長さにも用いることができます。

例：一点半、十二点半

一个半小时、两个半月

（四）疑問形

時点・時刻の聞き方：什么时候……？ 什么时间……？ 几点……？

例：——你们几点放学？ ——五点半。

時間の長さの聞き方：……多长时间？ ……多少时间？ ……多久了？

例：——你从家到学校用了多少时间？ —— 一个半小时。

——你来中国多久了？ ——三年了。

（五）語順の問題

❶ 時間を表す複数の単語を同時に使う場合、単位の大きな時間から小さな時間の順に並べます。

（年→月→日→小时→分钟→秒）

例：北京奥运会开幕式于 2008 年 8 月 8 日晚上 8 点举行。

这场比赛进行了两小时二十分钟。

❷ 時点・時刻を表す単語は、よく動詞の前に置かれて連用修飾語となり、動作がいつ起こったかを表します。

例：他每个周末都来这里打工。

他第二天一早就离开了学校。

❸ 時間の長さを表す単語は、一般的に動詞の後に置かれて時量補語となり、動作の持続する時間を表します。

例：她走了三天，终于到达了目的地。

我游泳游了两个小时。

実戦問題

1 完成句子。

1. 爷爷　手机　拿到　把　哪儿去了?

2. 完好地　那些文物　被　保存下来　了

3. 客厅　非常　干净　被　大家　打扫得

4. 被　北京大学　他　终于　录取了

5. 他　自行车钥匙　把　不小心
忘在家里了

6. 一致　称赞　被　大家　他的文章

7. 连　这个问题　三岁的小孩　能回答　都

8. 他　去了　一趟　广州　十月　去年

9. 昨天　发生了　一起　交通事故
凌晨四点

10. 我　使　老师的批评　认识到了
自己的错误

参考解答と訳：

1 文を完成させましょう。

1. 爷爷把手机拿到哪儿去了?（おじいさんは携帯電話をどこに持っていったの?）

2. 那些文物被完好地保存下来了。（あれらの文化財は完全によく保存されている）

3. 客厅被大家打扫得非常干净。（客間はみんなの手でとてもきれいに掃除された）

4. 他终于被北京大学录取了。（彼はついに北京大学に採用された［合格した］）

5. 他不小心把自行车钥匙忘在家里了。（彼は不注意に自転車の鍵を家に忘れた）

6. 他的文章被大家一致称赞。（彼の文章はみんなに一斉に賞賛された）

7. 这个问题连三岁的小孩都能回答。（この問題は3歳の子供でも答えられる）

8. 他去年十月去了一趟广州。/ 去年十月他去了一趟广州。（彼は去年の10月に1度広州に行った。／去年の10月に彼は1度広州に行った）

9. 昨天凌晨四点发生了一起交通事故。（昨日の夜明けの4時に［1件の］交通事故が起こった）

10. 老师的批评使我认识到了自己的错误。（先生に叱られたことで私は自分の誤りを知った）

2 请结合下列词语（要全部使用，顺序不分先后），写一篇 80 字左右的短文。

1. 礼物　客人　拿手菜　重逢　把

✦ヒントと参考解答訳：

2 下の単語を組み合わせて（すべて使うこと。順序は問わない）、80字程度の短い文章を書きましょう。

1) 与えられた単語を意味のうえから一緒に繋げましょう。

来了一位客人（1人のお客さんが来た）——带着礼物（プレゼントを持って）——把礼物给我们（私たちにプレゼントをくれる）——做拿手菜（自慢の料理を作る）——庆祝重逢（再会を祝う）

2) 上のそれぞれの内容について考え、自分に必要な材料を揃えましょう。

1人のお客さんが来た：男性か女性か？　どんな外見か？　誰のお客さん？　迎える人の態度はどうか？

プレゼントを持って：どんなプレゼントか？　誰にあげるのか？

私たちにプレゼントをくれる：私たちの反応はどうだったか？

自慢の料理を作る：誰が作る？　自慢の料理は何か？

再会を祝う：どうやって祝う？　みんなの気持ちはどうだったか？

3) 想像をめぐらせ、出来事の起こる順番と過程を組み立て、1つのストーリーとして展開して短い文章を書きましょう。

有一天，家里来了一位客人，他是爸爸的老同学，我们热情地欢迎他。他很和气，还带了一瓶红酒和一张他们学校的纪念光盘作为礼物。他把光盘给爸爸，爸爸非常开心，爸爸妈妈准备了他们的拿手菜——红烧排骨和糖醋鱼，来庆祝老朋友重逢。我们一

2. 毕业　远方　告别　理想　气氛

起干杯，大家都很快乐。（ある日、家に１人のお客さんが来た。彼は父さんの昔のクラスメイトで、私たちは心をこめて彼を歓迎した。彼は穏やかで、赤ワインを１本と、彼らの学校の記念 DVD もプレゼントとして持ってきた。彼は DVD を父さんにくれ、父さんはとても喜んで、父さんと母さんは自分たちの自慢の料理——スペアリブのしょう油煮込みと魚の甘酢あんかけを作って、旧友との再会を祝った。私たちは一緒に乾杯し、みんな楽しかった）

✦ヒントと参考解答訳：

1) 与えられた単語を意味のうえから一緒に繋げましょう。

即将毕业（もうすぐ卒業だ）——为了理想（理想のために）——告别同学（クラスメイトと別れる）——去往远方（遠方に行く）——不舍的气氛（名残惜しい雰囲気）

2) 上のそれぞれの内容について考え、自分に必要な材料を揃えましょう。

もうすぐ卒業だ：いつ卒業する？　卒業後の計画は何か？

理想のために：どんな理想のために？　どうやって実現するつもりか？

クラスメイトと別れる：どのように別れる？　別れるときの気持ちは？

遠方に行く：どんな場所か？　なぜそこに行くのか？　その後どうなる？

名残惜しい雰囲気：卒業するときの雰囲気はどうか？　みんなは何をする？　どんな気持ち？

3) 想像をめぐらせ、出来事の起こる

順番と過程を組み立て、1つのストーリーとして展開して短い文章を書きましょう。

　　六月是告别的季节。我们即将大学毕业，为了各自的理想，我们将要告别学校、老师和同学，走上不同的工作岗位，有的还要去往远方。校园里充满着依依不舍的气氛。我们一起吃饭，合影留念，祝福彼此，希望我们都能有个美好的未来。（6月は別れの季節だ。私たちはもうすぐ大学を卒業し、それぞれの理想のため、学校や先生やクラスメイトたちに間もなく別れを告げ、違う職場に向かおうとしており、そのうえ遠方に行く人もいる。キャンパスは名残惜しい雰囲気にあふれている。私たちは一緒に食事をし、記念に集合写真を撮り、お互いを祝福して、私たちみんなに素晴らしい未来があるよう願った）

新出単語

完好	wánhǎo	（形）	完全で良好である
文物	wénwù	（名）	文化財、文物
保存	bǎocún	（動）	保存する
录取	lùqǔ	（動）	採用する
一致	yízhì	（副）	一斉に
事故	shìgù	（名）	事故
凌晨	língchén	（名）	夜明け
拿手菜	náshǒucài	（名）	自慢の料理
重逢	chóngféng	（動）	再会する
和气	héqi	（形）	穏やかである、仲がよい
红烧排骨	hóngshāo páigǔ		スペアリブのしょう油煮込み
糖醋鱼	tángcù yú		魚の甘酢あんかけ
告别	gàobié	（動）	別れを告げる
气氛	qìfēn	（名）	雰囲気、気分
即将	jíjiāng	（副）	まもなく～しようとしている
岗位	gǎngwèi	（名）	職場
依依不舍	yīyī-bùshě		名残惜しい

復習と練習

1 选择填空。

把 被 使 连 让 为……所……

1. 他（ ）汽车停在楼下。

2. 小王（ ）大家选做班长。

3. 你都是大学生了，怎么（ ）信都不会写？

4. 她的这番话（ ）我非常感动。

5. 这些科学家（ ）自己的有生之年都献给了中国航天事业。

6. 这幅画作（ ）认为是 18 世纪的经典之作。

7. 这堂课很有意思，（ ）我们学到了很多有用的知识。

8. 到苏州游览过的人都会（ ）那里美丽的景色所吸引。

9. 住房问题（ ）广大群众（ ）关心。

10. 你打算（ ）你们的结婚照挂在什么地方？

参考解答と訳：

1 ふさわしい単語を選んで空欄を埋めましょう。

1. 他（把）汽车停在楼下。（彼は車をビルの下に停めた）

2. 小王（被）大家选做班长。（王さんはみんなに班長に選ばれた）

3. 你都是大学生了，怎么（连）信都不会写？（あなたはもう大学生でしょう、どうして手紙も書けないの？）

4. 她的这番话（使、让）我非常感动。（彼女のこの話は私をとても感動させた）

5. 这些科学家（把）自己的有生之年都献给了中国航天事业。（こういった科学者たちは自分の生涯をみな中国の宇宙事業のために捧げた）

6. 这幅画作（被）认为是 18 世纪的经典之作。（この絵画作品は 18 世紀の名作だと考えられている）

7. 这堂课很有意思，（使、让）我们学到了很多有用的知识。（この授業は面白い、私たちにたくさんの有用な知識を学ばせてくれる）

8. 到苏州游览过的人都会（被）那里美丽的景色所吸引。（蘇州に観光に行った人はみなその地の美しい風景に魅了される）

9. 住房问题（为）广大群众（所）关心。（住宅問題は広範な人々が関心を持つことだ）

10. 你打算（把）你们的结婚照挂在什么地方？（あなたは自分たちの結婚写真をどこに掛けるつもり？）

2 按要求改写句子。

1. 收拾一下房间。（把）

2. 这个字很难，老师不认识，留学生更不认识。（连）

3. 这两个问题我终于弄明白了。（把）

4. 这两个问题我终于弄明白了。（被）

5. 我从图书馆借了一本书。（把）

6. 教室里根本就没有人。（连）

7. 因为这件事，我明白了一个道理。（使）

8. 老师又表扬他了。（被）

9. 雨把衣服淋湿了。（让）

10. 足球被孩子拿到外边玩耍去了。（把）

参考解答と訳：

2 指示に従って文を書き換えましょう。

1. **把房间收拾一下。**（部屋をちょっと片付けて）
2. **这个字很难，连老师都不认识，留学生更不认识了。**（この字は難しくて、先生でさえ知らない、留学生はなおさら知らない）
3. **我终于把这两个问题弄明白了。**（私はとうとうこの 2 つの問題をはっきりさせた）
4. **这两个问题终于被我弄明白了。**（この 2 つの問題はとうとう私がはっきりさせた）
5. **我把这本书从图书馆借出来了。**（私はこの本を図書館から借りてきた）
6. **教室里连一个人都没有。**（教室には 1 人もいない）
7. **这件事使我明白了一个道理。**（このことで、私は 1 つの道理を理解した）
8. **他又被老师表扬了。**（彼はまた先生に褒められた）
9. **衣服让雨淋湿了。**（服が雨でびっしょり濡れた）
10. **孩子把足球拿到外边玩耍去了。**（子供はサッカーボールを外に持ち出して遊びに行ってしまった）

3 用所给词语完成句子。

1. 动物　被

2. 朋友　地球

3. 主人　招待

4. 大使馆　签证

5. 包裹单　领取

6. 流行　外套

7. 出差　照顾

8. 预订　客满

9. 阳台　景色

参考解答と訳：

3 与えられた単語を使って文を完成させましょう。

1. 很多珍贵的野生动物被无情地杀害了。(たくさんの貴重な野生動物が無情にも殺害された)
2. 动物是人类的朋友，我们应该和动物和平地生活在地球上。(動物は人類の友であり、私たちは動物と平和に地球で暮らしていかねばならない)
3. 在你的国家，主人一般是怎样招待客人的呢？(あなたの国では、主人は一般的にどのように客をもてなしますか？)
4. 我要去大使馆办理签证延期的手续。(私は大使館に行ってビザの延長手続きをする)
5. 邮递员送来了一张包裹单，我要去邮局领取我的包裹。(郵便配達員が［1枚の］荷物の伝票を届けに来たので、私は郵便局に自分の荷物を取りに行く)
6. 这种颜色的外套今年很流行，你也买一件吧。(この色のコートは今年流行っているから、あなたも1着買ったら)
7. 妈妈住院了，爸爸出差了，周末我要去医院照顾妈妈。(母が入院し、父は出張したので、週末私は病院に母の看病に行く)
8. 如果您没有预订的话就得多等一会儿了，现在已经客满了。(［あなたが］ご予約でない場合はもうしばらくお待ちいただきます、今はもう満員です)
9. 站在阳台上，能欣赏到远处优美的景色。(ベランダに立つと、遠くの美しい景色を味わうことができる)

木曜日

特殊構文（三）副詞（一）

生活の中で、よく“哪个东西更好”（どこの品物がもっと良いか）“谁的水平更高”（誰のレベルがもっと高いか）“哪儿的菜更好吃”（どこの料理がもっと美味しいか）などと聞かれることがあるでしょう。このとき、私たちはもう１つの特殊構文に出会います。これが「比較文」です。

今日の単語の部分では、一緒に副詞をおさらいしましょう。

■要点のまとめ：
比較文／副詞

一、比較文

（一）“比”を用いた比較文

比較文には、“比”の文字を用いるものと、そうでないものがあります。それぞれ見ていきましょう。

❶ 基本構造：A 比 B ＋述語

例：这件衣服比那件（衣服）便宜。

❷ 具体的な構成

A 比 B ＋形容詞＋多了／得多で、違いが大きいことを表します。

例：小李比小王高多了。　小李比小王高得多。

A 比 B ＋形容詞＋一点儿／一些で、違いが小さいことを表します。

例：今天比昨天冷一点儿。　今天比昨天冷一些。

A 比 B ＋差远了で、違いが大きく、A は B に劣ることを表します。

例：这个城市的空气质量比海南差远了。

A 比 B ＋更／更加／还＋形容詞で、程度がさらに進むことを表します。

例：第三课比第一课更难。　第三课比第一课还难。

A比B＋形容詞／動詞＋数量フレーズで、数量上の具体的な違いを表します。

例：我的成绩比他高 5 分。

我比他早来 半小时。

这个月比上个月少挣 1000 块钱。

❸ **この構文では、形容詞は重ねることができず、程度を表す副詞は形容詞の前に置くことができません。“也、都、一直、总是”などの副詞はすべて“比”の前に置きます。**

例：这道菜比那道菜很好吃。（×）

小王总是比小李考得好。

小李的个子一直比小张高。

❹ **動詞が目的語をともなう場合、動詞を重ねるか目的語を前に持ってきて比較を行う必要があります。“比”の後の重複部分は省略できます。**

例：我骑自行车骑得比你（骑自行车骑得）快。

我自行车骑得比你（自行车骑得）快多了。

❺ **“一……比一……”構造：**

一＋量詞＋比一＋量詞＋形容詞で、「ますます……になる」、あるいは「みなそれぞれ……だ」の意味を表します。

例：冬天快到了，天气一天比一天冷。（ますます寒くなる）

这家商场里的商品一件比一件精致，一件比一件贵。（みなそれぞれ精巧で、高価だ）

❻ **否定形：**

1) “没有、不如”の後ろには、一般的に“漂亮、快、好、长、便宜、容易、多、高、重”など肯定的な意味の形容詞が来ます。

例：这件衣服不如那件漂亮。

这件衣服不如那件难看。（×）

我的房间没有你的大。

我的房间没有你的小。（×）

比較の内容が明確な場合、“不如”の後ろの形容詞は省略することができます。

例：这次（的成绩）不如上次（好）。

2) “不比”は、形容詞に対して肯定的か否定的かの制限がありません。“不比”を用いて否定する場合、よく反論の語気をともないます。

例：我不比他笨，怎么考试考得不如他？

我跑得不比他慢，为什么不能参加比赛？

“不比”が導く形容詞の後には“多少”を加えることができ、両者のあいだの違いが大きくないことを表します。

例：这里衣服的价格不比商场便宜多少。(デパートでは高く、ここでも高い)

今天不比昨天暖和多少。(昨日は寒く、今日も寒い)

❼ 比較を表すその他の固定的な形式：

……和……相比、……跟……比起来、……比起……来

例：和小李相比，小王的经验更丰富一些。

跟小马比起来，我还差得远呢。

(二)“比”を用いない比較文

❶ “有”を用いて一定の基準や程度に達したことを表します。否定形には“没有”を用います。

基本構造：A ＋有＋ B（＋这么／那么）＋形容詞

例：这孩子已经有爸爸那么高了。

这棵树有三层楼那么高。

弟弟没有哥哥高。

❷ “A ＋跟 / 和 / 同 / 与＋ B ＋（不）一样”で比較を表します。

例：儿子已经跟父亲一样高了。

她跟我妹妹一样大。

我的口味跟他不一样，我不喜欢吃辣的。

“一样”の前で、“差不多、几乎、不太、完全”などの程度を表す副詞を用いて修飾することができます。

例：他的汉语水平跟我差不多一样。

这两幅画儿完全一样。

❸ "像"を用いて比較を表します。否定形には"不像"を用います。

基本構造：A＋像＋B＋（一样／这样／那样）这么／那么＋述語的な性格の単語

例：他像他爸爸一样聪明能干。

他不像你这么有爱心。

❹ 比較を表すその他の固定的な形式

1) ……于：大于、小于、高于、低于、胜于、强于、落后于

例：北京大学今年的录取分数线高于去年。

你的水平其实远胜于他。

2) ……过：胜过、赛过

例：我觉得这里的风景胜过很多著名景点。

3) ……似：胜似、深似、恰似

例：老马对他来说不是亲人，胜似亲人。

二、副詞

副詞は動詞・形容詞の前に用いられ、修飾・限定のはたらきをする語です。動作・行為や性質・状態の時間・範囲・程度・頻度・肯定・否定などの状況の説明によく用いられます。副詞は中国語の単語の中でやや複雑な語なので、まず副詞にはどんな種類があるか、主な用法にはどんなものがあるかを見てみましょう。

（一）副詞の分類

❶ 時間副詞：

将要、即将、快要、正、正在、已经、曾经、才、就、刚、刚刚、立即、立刻、马上、向来、从来、历来、一向、一直、一度、一贯、始终、一时、临时、时时、顿时、不时、随时、及时、按时、偶尔、总是、好久、永远、突然、忽然、先后

❷ 範囲副詞：

都、全、统统、通通、一概、一律、共、一共、总共、一起、一齐、一同、一块儿、一道、到处、处处、净、光、就、只、单、单单、仅、仅仅、唯独

❸ 程度副詞：

很、太、颇、挺、够、满、怪、好、可、真、最、顶、极其、极、非常、特别、十分、

万分、格外、分外、相当、比较、更、更加、多么、越加、越发、愈加、略微、稍稍、稍微

❹ 頻度副詞：

再、又、还、也、重、一再、再三、反复、屡次、屡屡、频频、常、常常、经常、时常、往往、不断

❺ 情態副詞：

渐渐、逐渐、逐步、猛然、悄然、毅然、依然、依旧、仍然、仍旧、亲自、亲身、亲手、百般、大肆、特地、特意、专程、专门、互相、相互

❻ 語気副詞：

可、却、则、倒、竟然、居然、竟、果然、果真、到底、究竟、毕竟、终究、终于、偏、偏偏、简直、根本、反正、恐怕、也许、大约、大概、几乎、差点儿、明明、分明、幸亏、幸好、好在、难道、难怪、怪不得、何尝、未尝、何必、何苦、干脆、索性、千万、万万、的确、确实

❼ 肯定・否定副詞：

不、没、没有、别、不要、未必、从未、未曾、不曾、一定、肯定、准、必然、必定、无非、无不

（二）副詞の主な用法

❶ 副詞は主に文中で主語の後、述語の前に置かれて連用修飾語となり、動作・状態の時間・範囲・程度・頻度・様態・語気・肯定・否定などの状況を表します。

例：服务热线电话一直占线。（時間）

他仍然那么年轻。（様態）

❷ 程度副詞は一般的に形容詞や、心理活動を表す動詞の前に置かれます。

例：秋天的北京更加美丽了。

他十分喜欢中国电影。

❸ 副詞は動詞や形容詞の代替となる代名詞の前にも置くことができます。

例：他知道错了，以后不会再那样了。

今天风真大，北京的春天常常这样。

❹ 文中に介詞構造がある場合、副詞は一般的に介詞構造の前に置きます。

例：我下午又给妈妈打了个电话。

我已经跟他见过面了。

❺ 時間・範囲・頻度を表す副詞は、述語となる名詞・数量詞の前に置くことができます。

例：他都八级了，我才六级，差得太远了。

时间过得真快，又星期六了。

❻ “就、光、唯独、单、单单、仅”など一部の範囲副詞は、主語となる名詞の前に置くこともできます。

例：我们都知道，就你一个人不知道。

大家都反对，唯独他一个人同意。

❼ “就、仅仅”などの範囲副詞は、数量詞の前に直接置くことができます。

例：我们班仅仅三个女生。

他就 100 块钱了。

❽ 一部の副詞は、否定副詞“不、没（有）”とともに用いることができます。

1) 時間・語気・情態副詞は一般的に“不、没（有）”の前に置きます。

例：他一直不愿意把这件事告诉家人。

我简直不敢相信这些事是真的。

2) “一起、光、曾”など、一部の副詞は“不、没（有）”の後にしか置くことができません。

例：我们不一起去，他先过去。

这件事不光他一个人知道。

3) “全、都、很、一定”など、一部の副詞の前後には否定副詞を加えることができます。ただし、その意味はそれぞれ異なります。

例：我们都不喜欢这部电影。(全員が好きでない)

我们不都喜欢这部电影。(全員が好きなわけではない)

他学习很不努力。(ちっとも努力しない)

他学习不很努力。(それほど努力しない)

4) “并、从来、万万、根本”など、一部の副詞は後に“不、没（有）”をともなうことが多く、必須のものもあります。“并不、并没有、从来不、从来没有、万万不、万万没想到、根本不、根本没有”などの構造を作ります。

例：我根本没想到他是这样的人。

我这个人从来不骗人。

実戦問題

1 完成句子。

1. 小张的字　小李的　写得　比　漂亮

2. 说汉语　比我　说得　阿里
流利得多

3. 水平　远远不如　你的　羽毛球　他

4. 这次考试的　差不多　上次　难度
跟

5. 和　他爸爸　身高　差不多
这个孩子的

6. 妈妈　确实　比去年　多了不少
头上的白头发

7. 那样　并非　像你想象的　这道题
复杂

8. 差点儿　他　这次　考试　不及格

参考解答と訳：

1 文を完成させましょう。

1. 小张的字写得比小李的漂亮。（張さんの字は李さんのよりきれいだ）
2. 阿里说汉语说得比我流利得多。（アリーは私よりかなり流暢に中国語を話す）
3. 你的羽毛球水平远远不如他。（あなたのバドミンドンのレベルは彼にはまるで及ばない）
4. 这次考试的难度跟上次差不多。（今回の試験の難易度は前回とほぼ同じだ）
5. 这个孩子的身高和他爸爸差不多。（この子供の身長は彼の父親とほぼ同じだ）
6. 妈妈头上的白头发确实比去年多了不少。（母さんの頭の白髪は確かに去年よりかなり増えた）
7. 这道题并非像你想象的那样复杂。（この問題は決してあなたが想像するほど複雑ではない）
8. 这次考试他差点儿不及格。/ 他这次考试差点儿不及格。（今回の試験に彼は不合格になりかけた。／彼は今回の試験に不合格になりかけた）

9. 他们　你说的地方　好不容易　找到　才

10. 这件事的　我　不　根本　知道　经过

9. 他们好不容易才找到你说的地方。/你说的地方他们好不容易才找到。(彼らは何とかあなたの言った場所にたどり着いた。／あなたの言った場所に彼らは何とかたどり着いた)

10. 我根本不知道这件事的经过。/这件事的经过我根本不知道。(私はこの件の経緯をまったく知らない。／この件の経緯を私はまったく知らない)

[2] 请结合下列词语（要全部使用，顺序不分先后），写一篇 80 字左右的短文。

1. 联欢会　新年　热闹　祝贺　唱歌

✦ヒントと参考解答訳：

[2] 下の単語を組み合わせて（すべて使うこと。順序は問わない）、80字程度の短い文章を書きましょう。

1) 与えられた単語を意味のうえから一緒に繋げましょう。

新年到了（新年が来た）——举办联欢会（親睦会を開く）——唱歌（歌を歌う）——气氛很热闹（雰囲気が賑やかだ）——互相祝贺（お互いに祝う）

2) 上のそれぞれの内容について考え、自分に必要な材料を揃えましょう。

新年が来た：何年の新年か？　以前どのように新年を迎えたか？　今はどう新年を迎える？

親睦会を開く：どこで開く？　どんな人が参加する？　どんなイベントをする？

歌を歌う：誰が歌う？　どんな歌？　どのように歌う？

雰囲気が賑やかだ：歌を歌うほかに、どんな演目やイベントがある？

お互いに祝う：何を祝う？　どんな気持ちで？

3) 想像をめぐらせ、出来事の起こる順番と過程を組み立て、1つのストーリーとして展開して短い文章を書きましょう。

2015年的新年就要到了，今天，学校举办了庆祝新年的联欢会。同学们表演了很多节目，有的唱歌，有的跳舞，还有的演小品，非常精彩，气氛热闹极了。表演结束后，同学们还一起聊天，互相祝贺新年快乐。这真是愉快的一天啊!（2015年の新年がもうすぐやって来る。今日、学校では新年を祝う懇親会が開かれた。クラスメイトたちはたくさんの演目を発表し、歌を歌う人もあれば、ダンスする人もあり、それに出し物をする人もいて、とても素晴らしく、雰囲気は大変賑やかだった。発表が終わると、クラスメイトたちは一緒にお喋りし、お互いに新年おめでとうと祝いあった。本当に楽しい1日だった！）

2. 招聘　毕业　简历　要求　面试

✦ヒントと参考解答訳：

1) 与えられた単語を意味のうえから一緒に繋げましょう。

大学毕业（大学を卒業する）——招聘信息（求人情報）——公司要求（会社が求める条件）——投简历（略歴を送る）——参加面试（面接を受ける）

2) 上のそれぞれの内容について考え、自分に必要な材料を揃えましょう。

大学を卒業する：いつ卒業する？　どの学校を卒業する？　どんな専攻で学んだ？

求人情報：どこから求人情報を知った？

会社が求める条件：会社の職位が求める条件には一般的にどんなものがある？　例えば、学歴・専攻・能力・経験など……。

略歴を送る：略歴には一般的にどんな内容が含まれる？

面接試験を受ける：どんな会社の面接？　時間・場所は？　どうすれば人によい印象を残せる？　質問にどう答える？

3) 想像をめぐらせ、出来事の起こる順番と過程を組み立て、1つのストーリーとして展開して短い文章を書きましょう。

今年就要大学毕业了，我现在正在找工作。我在招聘网站上看了很多招聘信息。有很多职位虽然我的专业比较符合，但要求有工作经验。我根据公司的职位要求投了很多份简历。下周我要去参加一个公司的面试，我要好好准备一下。希望我能找到一份好工作！（今年もうすぐ大学卒業なので、私は今就職活動をしているところだ。私は求人サイトでたくさんの求人情報を見た。私の専攻と合いそうなたくさんの職位があるが、求められる条件には就業経験がある。私は会社の職位の条件に基づいてたくさんの略歴を送った。来週私はある会社の面接試験を受けるつもりなので、しっかり準備しなければならない。よい仕事が見つかりますように！）

新出単語

流利	liúlì	（形）	流暢である
难度	nándù	（名）	難しさ
确实	quèshí	（副）	確かに
并非	bìngfēi	（動）	（強く否定する語）まったく～ではない
联欢会	liánhuānhuì	（名）	懇親会
祝贺	zhùhè	（動）	祝賀する、うれしいことのあった相手にお祝いを言う
庆祝	qìngzhù	（動）	慶祝する、（みんなで）祝う
小品	xiǎopǐn	（名）	短い芸術作品（演奏、出し物）
招聘	zhāopìn	（動）	招聘する、募集する
简历	jiǎnlì	（名）	略歴
面试	miànshì	（動）	面接試験
投	tóu	（動）	投げる、送る、届ける
职位	zhíwèi	（名）	（職務上の）地位、役目
学历	xuélì	（名）	学歴

復習と練習

1 选择填空。

比　不比　一样　更　和　不如　像　没有　一……比一……

1. 小张的工作能力（　　）小王差。

2. 昨天35度，今天36度，今天比昨天（　　）热。

3. “长”“常”两个汉字读音（　　），写法不（　　）。

参考解答と訳：

1 ふさわしい単語を選んで空欄を埋めましょう。

1. 小张的工作能力（不比）小王差。（張さんの仕事の能力は王さんに劣らない）

2. 昨天35度，今天36度，今天比昨天（更）热。（昨日は35度、今日は36度で、今日は昨日よりもっと暑い）

3. “长”“常”两个汉字读音（一样），写法不（一样）。（“长”“常”の2つの漢字は発音は同じだが、書き方は異なる）

4. 王平的体育成绩（　　）李明差不多。

5. 这个房间（　　）我的房间宽敞。

6. 我的汉语水平远远（　　）他。

7. 玛丽学汉语的时间（　　）麦克长，却（　　）麦克说得好。

8. 在人际交往方面，我还（　　）小李呢。

9. 他的身体情况（　　）天（　　）天好，马上就可以出院了。

10. 我不（　　）她那么爱打扮自己。

4. **王平的体育成绩（和）李明差不多。**（王平の体育の成績は李明と同じくらいだ）

5. **这个房间（比、不如、没有、不比）我的房间宽敞。**（＜比＞この部屋は私の部屋より広い／＜不如、没有、不比＞この部屋は私の部屋ほど広くない）

6. **我的汉语水平远远（不如）他。**（私の中国語のレベルは彼にはるかに及ばない）

7. **玛丽学汉语的时间（比）麦克长，却（不如、没有）麦克说得好。/ 玛丽学汉语的时间（不如、没有）麦克长，却（比）麦克说得好。**（＜比　不如、没有＞マリーは中国語を勉強した時間はマイクより長いが、マイクほど話すのが上手くない。／＜不如、没有　比＞マリーは中国語を勉強した時間はマイクほど長くないが、マイクより話すのが上手い）

8. **在人际交往方面，我还（不如）小李呢。**（人付き合いの面では、私はまだ李さんに敵いませんよ）

9. **他的身体情况（一）天（比一）天好，马上就可以出院了。**（彼の体の状態は日ごとによくなっていて、間もなく退院できるだろう）

10. **我不（像）她那么爱打扮自己。**（私は彼女ほどお洒落が好きではない）

2 改错句。

1. 这辆车比那辆车很新。

2. 这里的蔬菜品种比我们那里太多。

参考解答と訳：

2 間違った文を直しましょう。

1. **这辆车比那辆车新很多。**（この車はあの車よりかなり新しい）

2. **这里的蔬菜品种比我们那里多多了。**（ここの野菜の品種は私たちのところよりかなり多い）

3. 听说别的国家的情况也这里一样。

4. 这部电影不如那部电影没有意思。

5. 我比他来早半个小时。

6. 今年比去年接待游客的数量多了一倍。

7. 水上公园是挺大挺美的，可颐和园比水上公园最大最美。

8. 中国有些跟我们国家一样节日习俗。

9. 我从来住在北京。

10. 我去了好几次书店，好不容易才没买到这本书。

3. 听说别的国家的情况也跟这里一样。（他の国の状況もここと同じだそうだ）

4. 那部电影不如这部电影有意思。（あの映画はこの映画ほど面白くない）

5. 我比他早来半个小时。（私は彼より半時間早く来た）

6. 今年接待游客的数量比去年多了一倍。（今年観光客を迎えた数は去年と比べて2倍になった）

7. 水上公园是挺大挺美的，可颐和园比水上公园更大更美。（水上公園はとても大きくて美しいが、頤和園は水上公園よりさらに大きくて美しい）

8. 中国有些节日习俗跟我们国家一样。（中国の祭日の習慣には私たちの国と同じものがある）

9. 我一直住在北京。（私はずっと北京に住んでいる）

10. 我去了好几次书店，好不容易才买到这本书。（私は何度も書店に行き、ようやくこの本を買うことができた）

3 请结合下列词语（要全部使用，顺序不分先后），写一篇 80 字左右的短文。

1. 包子　美食　便宜　味道　做法

1）把所给词语从意思上联系在一起。

✦ヒントと参考解答訳：

3 下の単語を組み合わせて（すべて使うこと。順序は問わない）、80字程度の短い文章を書きましょう。

1）与えられた単語を意味のうえから一緒に繋げましょう。

中国的包子（中国のバオズ）——传统美食（伝統的な美食）——价格（不）便宜（値段が高い／高くない）——味道鲜美（味が素晴らしい）——做法独特（作り方が独特だ）

2) 提出问题，寻找自己需要的材料。

3) 扩展成完整的一件事，书写短文。

2) 疑問を出し、自分に必要な材料を探しましょう。

中国のバオズ：あなたはバオズを食べたことがある？　バオズは何で作る？

伝統的な美食：中国の伝統的な美食には何がある？　あなたが好きなのは？

値段が高い／高くない：1ついくら？　あなたはいくつ買った？

味が素晴らしい：どんな味？　あなたは何の味が一番好き？

作り方が独特だ：どんな作り方か？　あなたは作れますか？　学びたい？

3) 1つの出来事として展開し、短い文章を書きなさい。

前几天，我和朋友一起去天津旅游，吃到了有名的狗不理包子。狗不理包子是天津的传统美食，它的做法比较独特，味道也很鲜美。我吃了好几个。不过它的价格并不便宜，比普通的包子要贵一些。（数日前、私は友達と一緒に天津に旅行に行き、有名な狗不理のバオズを食べた。狗不理のバオスは天津の伝統的な美食であり、その作り方は割合に独特で、味も素晴らしい。私はいくつも食べた。でもその値段は決して安くなく、普通のバオスより少し高い）

2. 正月　传统　春节　红包　饺子

1) 把所给词语从意思上联系在一起。

✦ヒントと参考解答訳：

1) 与えられた単語を意味のうえから一緒に繋げましょう。

过春节（春節を過ごす）——正月初一（旧正月の最初の日）——传统节日（伝統的な祭日）——吃饺子（ギョーザを食べる）——发红包（お年玉をあげる）

2) 提出问题，寻找自己需要的材料。

3) 扩展成完整的一件事，书写短文。

2) 疑問を出し、自分に必要な材料を探しましょう。

春節を過ごす：中国人が春節を過ごすときのどんな習俗を知っている？ あなたの国の最も重要な祭日は？

旧正月の最初の日：旧正月の最初の日には何をする？

伝統的な祭日：他に中国のどんな伝統的な祭日を知っている？

ギョーザを食べる：ギョーザを食べたことがある？ ギョーザを作れる？

お年玉をあげる："红包"とは何か？ いつお年玉をあげる？ 誰が誰にお年玉を渡す？

3) 1つの出来事として展開し、短い文章を書きましょう。

今年寒假我没有回国，所以我在中国过了一个春节。春节是中国人最重要的传统节日，是每年的正月初一。这一天，人们要吃饺子，互相拜年，长辈还会给孩子们发红包。前一天晚上，也就是除夕，人们还会放鞭炮、吃年夜饭。真是很热闹！（今年の冬休みに私は帰国しなかったので、中国で春節を過ごした。春節は中国人の最も重要な伝統的祭日で、毎年の旧正月の最初の日のことだ。この日、人々はギョーザを食べ、お互いに新年の挨拶をし、年長者は子供たちにお年玉をあげる。前の日の夜は、大晦日でもあり、人々は爆竹を鳴らし、大晦日のご馳走を食べる。本当に賑やかだ！）

金曜日

動作の状態（一）副詞（二）

みなさんがご存じのように、中国語では過去・現在・未来を表す場合、動詞そのものは変化しません。“他们去年说”“我现在说”“他明天说”で、すべて同じ“说”です。では、動作が今進行しているのか、それとももう終わったのか、あるいはこれから起こるのかを、どうしたら明確に示すことができるのでしょうか？　中国語では、“着”“了”“过”“正在”“将要”などの語でこういった動作の異なる状態を表しています。

単語の部分では、今日は副詞の中の肯定・否定副詞と時間副詞を具体的に見ていきましょう。

■要点のまとめ：
動作の進行・持続・開始・継続・未来／肯定・否定副詞／時間副詞

一、動作の状態

（一）動作の進行

副詞“正、正在、在”は、動詞の前で連用修飾語となり、「進行」を表します。

❶ 動詞の後に持続を表す助詞“着”を加えることができます。

例：他们正在教室上课呢。
他在看足球比赛。
她正在听着音乐呢。

❷ 進行状態では、文中で完了を表す“了、过”を用いることはできません。

❸ “到、离开、成立、死、胜、败、看见、听见、碰见、认为、记得、懂”**などの持続しない動詞は、一般的に進行状態では用いることができません。**

例：他正在到学校。（×）

（二）動作の持続

動詞述語の後に"着"を加えて、動作や状態の持続を表すことができます。

❶ 基本構造：主語＋動詞述語＋着＋目的語

例：他穿着一件黑色的衣服。

外边正下着雨呢。

❷ 持続しない動詞は状態の持続には用いることができません。

例：他离开着学校。（×）

❸ "着"のその他の用法：

1)"動詞１＋着＋動詞２"の構造で、動詞１は動詞２の形式を表します。

例：同学们看着课文 回答问题。

他听着音乐 走路。

2)"……着……着……"は持続する動作や状態が中断し、別の動作や状態に入ることを表します。

例：他听着听着就睡着了。

天气冷着冷着又热了。

3)"形容詞＋着呢"で、よく程度の高さを表します。

例：那个商场的东西贵着呢。

外面冷着呢，你多穿点儿衣服吧。

4)"……来着"で、少し前に起こったものごとを表したり、すぐには思い出せないものごとをたずねたりします。

例：刚才李老师找你来着。

这个人我见过，他叫什么来着？

（三）動作の開始と継続

動詞の後に"起来"を加えて動作の開始と継続を表し、動詞の後に"下去"を加えて動作の継続を表します。

例：他们开心地大笑起来。

汉语越学越有意思，希望你们能坚持下去。

(四) 動作が間もなく起こる

動詞述語の前に“就要、将要、快 (要)、要”などを加えて、動作が間もなく起こることを表します。

❶ 基本構造：主語＋連用修飾語［就要／将要／快 (要) ／要］＋動詞述語＋目的語／補語＋了

例：我们就要 (将要、快要、快、要) 回国了。
作业就要 (将要、快要、快、要) 写完了。

❷ 文中で具体的な時間を表す語が連用修飾語となる場合、“快要、快”は用いることができません。

例：下个月他要 (就要) 来中国了。
下个月他快要来中国了。(×)

❸ 書き言葉では、“将、将要、即将”でも間もなく起こる動作を表すことができます。文末には一般的に“了”を用いません。

例：火车即将进站。
不努力将一事无成。

二、副詞のまとめ

これまで、副詞の分類と主な用法を学びました。今日は、よく使われる肯定・否定副詞と時間副詞をいくつか詳しく見ていきます。これらはHSKの作文部分で求められるだけでなく、読解の第一部分に取り組む際にもとても重要です。

(一) 肯定・否定副詞の用法のまとめ

❶ 不、没 (有)

いずれも動詞・形容詞の前に置き、動作・性質・状態などを否定します。その主な違いは以下のようになります。

1) “不”は形容詞の前に置き、性質を否定します。

例：他身体不好，让他休息吧。
这种材料不结实，换一种吧。

“不”は動詞の前に置いて主観的な意思を表すことが多く、現在・将来の動作・行為を否定でき、過去も否定できます。

例：我今天不吃晚饭，明天也不吃。

昨天我不想吃早饭。

“不”は習慣的な動作・状況を否定します。

例：他从来不迟到。

他既不抽烟，也不喝酒。

“不”は動作を表さない動詞（“是、当、认识、知道、像”など）を否定します。

例：我不知道这样做对不对。

我长得不像妈妈。

“不”は能願動詞を否定します。

例：我不会说俄语。

他病了，不能来上课。

2)“没（有）”は形容詞の前に用い、変化の出現を否定します。

例：天还没亮，再睡一会儿吧。

我没着急，只是有点儿担心。

“没（有）”は動詞の前で客観的叙述に用いることが多く、動作・状態の発生や完了を否定できます。過去や現在に用いますが、未来には用いません。

例：昨天、今天他都没来。

我没记住他的电话号码。

“没（有）”は“能、敢”のような個別の能願動詞を否定でき、過去の状況への否定を表します。

例：昨天我有急事儿，没能参加朋友的聚会。

你不在，我没敢答应他的要求。

❷ 差点儿、差点儿没

1) 後に来るのが望ましくないものごとの場合、差点儿＝差点儿没を用いて否定を表し、そのことが起こらなくて幸運だったことを示します。

例：今天早上我差点儿（没）迟到。（遅刻しなかった）

今天没带雨伞，差点儿（没）被淋成个落汤鸡。（びしょ濡れにならなかった）

2) 後ろに来るのが望ましいものごとの場合、“差点儿”はものごとが起こらず残念だったことを示します。“差点儿没”はものごとが起こって幸運だったことを示します。

例：他差点儿没通过考试。(合格した)

他差点儿就能通过考试。(合格しなかった)

(二) 時間副詞のまとめ

❶ 才、都、就

1) "才$_1$" と "就"：時間／数量詞＋才$_1$　　時間／数量詞＋就

"才$_1$" は、話し手の感覚では時間が遅い、時間が長い、年齢が大きい、数量が多いなどの場合を表します。

"就" は、話し手の感覚では時間が早い、時間が短い、年齢が小さい、数量が少ないなどの場合を表します。

例：8 点才上课，你怎么 7 点就来了?

真了不起，25 岁就当经理了。

我跑了好几趟才找到他。

这么长的课文，她背了 20 分钟就记住了。

2) "才$_2$" と "都"：才$_2$＋時間／数量詞　　都＋時間／数量詞

"才$_2$" は、話し手の感覚では時間が早い、時間が短い、年齢が小さい、数量が少ないなどの場合を表します。

"都" は話し手の感覚では時間が遅い、時間が長い、年齢が大きい、数量が多いなどの場合を表します。

例：我的朋友才 23 岁就结婚了，我都 30 了还没女朋友呢。

才 4 点你怎么就起床了?

都凌晨两点了，快睡吧。

3) "才" はものごとが起こって間もない、「起こったばかり」であることも表します。

例：他才从首尔来北京，哪儿都不认识。

"才" は語気副詞として用いることもでき、強調を表し、"呢" と組み合わせて暗に比較の語気を含みます。

例：她的字写得才好看呢!

这件衣服才漂亮呢!

4) "都" は範囲副詞として用いることもでき、「すべて」の意味を表します。

例：人们都喜欢这种颜色。

"都" は "每、各" に続けて用い、例外がないことを表します。

例：他每天都坚持锻炼。

“都”は疑問代名詞に続けて用い、特定のものを指さないことを表します。

例：今天我什么都不想吃。

5) “就”は範囲副詞としても用いることができ、「……だけ」の意味を表します。

例：我们班就他通过了考试。

“就”は強調を表すこともでき、肯定的な語気を強めます。

例：这就是王老师。

“就”は2つの同じ成分の間に置かれて、容認できることを表します。

例：贵点儿就贵点儿吧，买了吧。

❷ 刚、刚刚、刚才

1) “刚、刚刚”は時間副詞で、ものごとが起きたばかりであることを表し、主語の後ろにしか置くことができません。

例：我刚（刚刚）从学校回来。

“刚、刚刚……就……”は、ある動作にすぐ続いて別の動作が起こったことを指します。

例：我刚进家门，大雨就下了起来。
我刚刚进办公室，就有人来找我。
天刚亮，我们就出发了。

2) “刚、刚刚”は、なんとかある程度に達していることを表すこともできます。

例：他的个子太矮了，刚能够到桌子。
这些钱刚够交学费，生活费怎么办呢？

3) “刚才”は名詞として、たった今過ぎた時間を指し、主語の前にも後ろにも用いることができます。

例：刚才你去哪儿了？
她把刚才的事儿忘了。
休息了一下，现在比刚才好多了。
刚才你为什么不告诉我呢？

❸ 突然、忽然

1) “突然、忽然”は副詞として、いずれも状況が非常に短い時間に起こったことを表し、意外性を与えます。

例：我走着走着，忽然（突然）想起了一件事。

外面突然（忽然）刮起了大风。

2)“突然”は形容詞になることもできます。

例：这件事发生得太突然了。

这件事发生得太忽然了。（×）

❹ 偶尔、偶然

1)“偶尔”はある動作・行為があまり起こらないことを指し、回数が少ないことを強調します。反義語は“经常”です。

例：她偶尔会去操场跑步。

音乐会的票太贵了，所以我只是偶尔去听。

2)“偶然”は必ずしも起こるとは限らない動作・行為が起こったことを指し、意外性を強調します。反義語は“必然”です。

例：我昨天在路上偶然遇到了一位多年不见的朋友。

我偶然听到了这个消息。

“偶然”は形容詞にもなることができます。

例：一个偶然的机会，我结识了她。

事情发生得很偶然，大家谁也没想到。

❺ 临时、暂时

1)“临时”はものごとが起こるその時を強調します。

例：这是临时决定的，事先谁也不知道。

把东西都带好，免得临时着急。

“临时”は正式でない、短期的なものごとにも用いることができます。

例：他是这个单位的临时工。

2)“暂时”は、短時間であって長期的ではないことを強調します。

例：我的东西暂时放在你家，过两天我就去拿。

困难是暂时的，一定会过去的。

❻ 随时、及时、按时、准时

1) 随时：（副詞）いつでもよい。

例：有问题可以随时来找老师。

我已经准备好了，随时可以出发。

2) 及时：（副詞）遅滞せず、すぐに、ただちに。

（形容詞）ちょうどよいときの、必要なときの。

例：有问题要及时解决，不要拖。（副詞）

这真是一场及时雨啊！（形容詞）

3) 按时：（副詞）決まった時間どおりに。

例：学生要按时到校上课。

按时吃药，别忘了。

4) 准时（形容詞）決まった時間から遅くも早くもなく。

例：他今天来得很准时，没迟到。

运动员在 23 日准时到达比赛场馆。

実戦問題

[1] 完成句子。

1. 她的　跳芭蕾舞　女儿　正在　学习

2. 上午十点　还在　马克　睡懒觉　呢

3. 看书　为了　保护眼睛　请不要　躺着

4. 桌子上　一盆　盛开的　摆着　水仙花

5. 大家　都　在公司门口　欢迎　客人　鼓着掌

6. 下个星期　就要　这部　电视剧　播出了

7. 将要　提前　这个工厂　完成　今年的　生产计划

8. 当上了爸爸　我　偶然　听说　阿里　已经

参考解答と訳：

[1] 文を完成させましょう。

1. **她的女儿正在学习跳芭蕾舞。**（彼女の娘は今バレエを学んでいるところだ）
2. **上午十点马克还在睡懒觉呢。**（午前10時にマイクはまだのんびり朝寝坊をしているんだよ）
3. **为了保护眼睛，请不要躺着看书。**（目を保護するため、寝転んで本を読まないでください）
4. **桌子上摆着一盆盛开的水仙花。**（テーブルに1鉢の満開のスイセンの花が置いてある）
5. **大家都在公司门口鼓着掌欢迎客人。**（みんなは会社の入口で拍手して来客を迎えた）
6. **这部电视剧下个星期就要播出了。/ 下个星期这部电视剧就要播出了。**（このテレビドラマは来週放映されるところだ。／来週このテレビドラマは放映されるところだ）
7. **这个工厂今年的生产计划将要提前完成。/ 这个工厂将要提前完成今年的生产计划。**（この工場の今年の生産計画は前倒しで完了されようとしている。／この工場は今年の生産計画を前倒しで完了しようとしている）
8. **我偶然听说阿里已经当上了爸爸。**（私は偶然にアリーがもう父親になったことを耳にした）

9. 老师　刚　同学们　就　说下课
冲出了教室

9. 老师刚说下课同学们就冲出了教室。（先生が授業の終わりを告げたとたんにクラスメイトたちは教室を飛び出していった）

10. 医生　要按时　告诉　病人　吃药

10. 医生告诉病人要按时吃药。（医者は病人に時間どおりに薬を飲むよう伝えた）

✦ヒントと参考解答訳：

2 请结合下列词语（要全部使用，顺序不分先后），写一篇 80 字左右的短文。

1. 钓鱼　羡慕　风景　图画　旅行

2 下の単語を組み合わせて（すべて使うこと。順序は問わない）、80 字程度の短い文章を書きましょう。

1) 与えられた単語を意味のうえから一緒に繋げましょう。

出去旅行（旅行に行く）——风景优美（風景が美しい）——有人在钓鱼（釣りをしている人がいる）——像一幅图画（1 枚の絵のようだ）——羡慕他们（彼らがうらやましい）

2) 上のそれぞれの内容について考え、自分に必要な材料を揃えましょう。

旅行に行く：いつ旅行に行く？　どこに旅行に行く？　誰と一緒に旅行に行く？

風景が美しい：どのように美しい？　どんな山？　どんな水辺か？

釣りをしている人がいる：誰が釣りをしている？　どこで釣りをしている？　釣りをしている人の様子や服装はどうか？

一幅の絵のようだ：どんな絵か？

彼らがうらやましい：なぜうらやましい？

3) 想像をめぐらせ、出来事の起こる順番と過程を組み立て、1 つのストーリーとして展開して短い文章を書きましょう。

2. 家乡　包裹　发愁　祝福　要是

今年“十一”假期，我和朋友们一起出去旅行。我们去了风景优美的武夷山。山上长满了茂密的树木，山间有清澈的湖水，有时还可以看到老年人在岸边钓鱼，这情景真像一幅美妙的图画。我们都很羡慕生活在这里的人们。（今年の国慶節の休みに、私は友達と一緒に旅行に行った。私たちは風景の美しい武夷山に行った。山には密生した木が茂り、谷には澄みきった湖水があって、老人が岸辺で魚釣りをしているのを目にすることもあり、この情景はまるで一幅のすばらしい絵のようだった。私たちはここで暮らす人々をうらやましいと思った）

✦ヒントと参考解答訳：

1) 与えられた単語を意味のうえから一緒に繋げましょう。

我的家乡（私のふるさと）——寄包裹（小包を送る）——感到发愁（心配に思う）——要是……的话，就……（もし……なら、……）——祝福亲人（親族にお祝いを言う）

2) 上のそれぞれの内容について考え、自分に必要な材料を揃えましょう。

私のふるさと：どこにある？　ふるさとには誰がいる？

小包を送る：誰に小包を送る？　いつ送る？　送るのはどんなもの？

心配に思う：心配な原因は？　解決方法はある？

もし……なら、……：どんなことが起こる？　どんな結果になる？

親族にお祝いを言う：どんな祝い？　どんな親族を祝う？

3) 想像をめぐらせ、出来事の起こる順番と過程を組み立て、1つのストーリーとして展開して短い文章を書きましょう。

我上周一上午往家乡寄了一个包裹。今天又到周一了，可是爸爸妈妈说包裹还没收到。因为包裹包装得不是很好，所以我有点儿发愁，要是里面的衣服和贺卡弄丢了，爸爸妈妈就收不到我的新年礼物和祝福了。（私は先週月曜の午前にふるさとに1つの小包を送った。今日はまた月曜日だが、父さんと母さんはまだ小包を受け取っていないと言う。小包があまりよく包装されていなかったので、私は少し心配になった。もし中の服とお祝いのカードがなくなったら、父さんと母さんは私の新年のプレゼントとお祝いを受け取ることができなくなる）

新出単語

芭蕾舞	bālěiwǔ	（名）	バレエ
睡懒觉	shuì lǎnjiào		朝寝坊をする
盛开	shèngkāi	（動）	満開になる
水仙花	shuǐxiānhuā	（名）	スイセン
电视剧	diànshìjù	（名）	テレビドラマ
播出	bōchū	（動）	放送する、（テレビ局が）番組を放映する
提前	tíqián	（動）	（予定の期限を）繰り上げる
钓鱼	diàoyú	（動）	魚を釣る
图画	túhuà	（名）	絵、図画
武夷山	Wǔyí Shān	（名）	武夷山（福建省にある）
茂密	màomì	（形）	（草木が）密生している
清澈	qīngchè	（形）	澄みきっている
岸边	ànbiān	（名）	岸のあたり
美妙	měimiào	（形）	すばらしい、うるわしい
家乡	jiāxiāng	（名）	ふるさと
包裹	bāoguǒ	（名）	包み、（郵便の）小包
发愁	fāchóu	（動）	心配する、困る
祝福	zhùfú	（動）	祝福する、人の平安、幸福を祈る
包装	bāozhuāng	（動）	包装する

復習と練習

1 选择填空。

才　及时　就　刚刚　临时　正在 就要　正要　偶尔　一直

1. 这孩子（　　　）十岁，（　　　）懂那么多事。
2. 球队（　　　）成立一个月，队员（　　　）已经发展到三十多个了。
3. 我十二岁（　　　）离开了家乡，直到三十多岁（　　　）第一次回来。
4. 我本来打算上个月去英国，但签证遇到点儿问题，只好（　　　）改变行程。
5. 交通事故发生后，路人（　　　）把病人送到了医院。
6. 马上（　　　）上台表演了，你紧张吗？
7. 李老师（　　　）打电话呢，请你稍等一会儿。
8. 我（　　　）出门，邻居小马来找我借书。
9. 你还不了解你爸爸吗？他（　　　）反对你跟他谈恋爱。
10. 他不常去体育馆健身，只是（　　　）去一次。

参考解答と訳：

1 ふさわしい単語を選んで空欄を埋めましょう。

1. 这孩子（才）十岁，（就）懂那么多事。（この子供はやっと 10 歳なのに、もうそんなに多くのことを理解している）
2. 球队（刚刚、才）成立一个月，队员（就）已经发展到三十多个了。（[球技の] チームは成立してやっと 1 か月で、メンバーはもう 30 人以上になった）
3. 我十二岁（就）离开了家乡，直到三十多岁（才）第一次回来。（私は 12 歳でもう故郷を離れ、30 歳になってやっと初めて戻ってきた）
4. 我本来打算上个月去英国，但签证遇到点儿问题，只好（临时）改变行程。（私はもともと先月イギリスに行くつもりだったが、ビザに少し問題が出て、直前になって日程を変えるほかなかった）
5. 交通事故发生后，路人（及时）把病人送到了医院。（交通事故が起こった後、通りすがりの人がただちに病人を病院へ運んだ）
6. 马上（就要）上台表演了，你紧张吗？（まもなく舞台に上がって発表ですよ、[あなたは] 緊張しますか？）
7. 李老师（正在）打电话呢，请你稍等一会儿。（李先生は今電話中ですので、[あなたは] 少しお待ちください）
8. 我（正要）出门，邻居小马来找我借书。（私がちょうど出かけようとしたとき、隣の馬さんが [私に] 本を借りに来た）

9. 你还不了解你爸爸吗？他（一直）反对你跟他谈恋爱。（まだお父さんの言うことが分からないの？［お父さんは］あなたが彼と付き合うのにずっと反対していますよ）

10. 他不常去体育馆健身，只是（偶尔）去一次。（彼はいつもジムに体を鍛えに行くわけではなく、たまたま1度行っただけだ）

2 改错句。

1. 下星期日他快要回国了。
2. 他握我的手，亲切地看我。
3. 研究生考试要开始吧？
4. 这次到农村，一共我们参观了四个乡镇企业。
5. ——这次考试你也参加了吗？——我也。
6. 每天我能都吃到新鲜蔬菜和水果。
7. 晚上，常常都大家睡了，才她睡。
8. 到北京刚不久，就我们游览了好几处名胜古迹。
9. 我喜欢美术，也音乐。
10. 刚来北京还没找到房子，我一时住在朋友家。

参考解答と訳：

2 間違った文を直しましょう。

1. 下星期日他就要回国了。（次の日曜日には彼は帰国する）
2. 他握着我的手，亲切地看着我。（彼は私の手を握り、親しみを込めて私を見ている）
3. 研究生考试要开始了吧？（大学院入試はもうすぐ始まるでしょう？）
4. 这次到农村，我们一共参观了四个乡镇企业。（今回農村に来て、私たちは全部で4つの郷鎮企業を見学した）
5. ——这次考试你也参加了吗？（——今回の試験はあなたも受けましたか？）
——我也参加了。（——私も受けました）
6. 每天我都能吃到新鲜蔬菜和水果。（毎日私はいつも新鮮な野菜と果物を食べることができます）
7. 晚上，常常大家都睡了，她才睡。（夜、いつもみんなが寝静まってから、彼女はようやく眠る）

8. 刚到北京不久，我们就游览了好几处名胜古迹。（北京に来たばかりで日が浅いが、私たちはもうたくさんの名所旧跡を観光した）

9. 我喜欢美术，也喜欢音乐。（私は美術が好きで、音楽も好きだ）

10. 刚来北京还没找到房子，我暂时住在朋友家。（北京に来たばかりでまだ家が見つからず、私はしばらく友達の家に泊まっている）

③ 请结合下列词语（要全部使用，顺序不分先后），写一篇 80 字左右的短文。

1. 中国　旅行　汽车　舒服　目的地

1）把所给词语从意思上联系在一起。

2）提出问题，寻找自己需要的材料。

✦ヒントと参考解答訳：

③ 下の単語を組み合わせて（すべて使うこと。順序は問わない）、80字程度の短い文章を書きましょう。

1）与えられた単語を意味のうえから一緒に繋げなさい。

驾驶汽车（車を運転する）——中国西部（中国の西部）——去旅行（旅行に行く）——到达目的地（目的地に着く）——舒服地休息（気持ちよく休む）

2）疑問を出し、自分に必要な材料を探しなさい。

車を運転する：誰が車を運転する？　何の車を運転する？

中国の西部：中国の西部のどこ？　中国の西部にはどんな特色がある？　以前行ったことがある？

旅行に行く：いつ行く？　誰と一緒に旅行に行く？　旅行中のいちばん忘れがたいことは？

目的地に到着する：いつ到着する？　目的地はどんな様子か？　どんな気分か？

気持ちよく休む：どこで休む？　どれだけの時間休む？

3) 扩展成完整的一件事，书写短文。

3) 1つの出来事として展開し、短い文章を書きましょう。

现在很多年轻人喜欢自己驾驶汽车出去旅行，我也很喜欢。有一次，我跟朋友驾车去了中国西部的边远地区。我们没有具体的目的地，看到感兴趣的地方就把车停下来，尽情游玩、欣赏，真是随心所欲、无拘无束，累了还可以在车上休息，舒服极了。（今はたくさんの若い人が自分で車を運転して旅行に行くのが好きで、私も大好きだ。あるとき、私は友達と車を運転して中国西部の辺境地区へ行った。私たちは具体的な目的地を持たず、面白そうな場所を見かければ車を停めて、心ゆくまで遊び、味わった。本当に心の赴くまま、気兼ねすることなく、疲れたら車で休んでもよく、気持ちよいことこの上なかった）

2. 结婚　装修　便宜　家具　搬家

1) 把所给词语从意思上联系在一起。

2) 提出问题，寻找自己需要的材料。

✦ヒントと参考解答訳：

1) 与えられた単語を意味のうえから一緒に繋げましょう。

装修房子（家を内装する）——准备结婚（結婚の準備をする）——买家具（家具を買う）——价格便宜（値段が安い）——搬家（引越しをする）

2) 疑問を出し、自分に必要な材料を探しましょう。

家を内装する：なぜ内装する？　どのように内装する？　どれだけお金を使って内装する？

結婚の準備をする：誰が結婚する？　いつ結婚する？　どこで結婚式を挙げる？

家具を買う：どこで家具を買う？　どんな家具を買う？

3) 扩展成完整的一件事，书写短文。

値段が安い：値段はどのくらい安い？品質はどうか？

引越しをする：いつ引越しする？　どのように引越しする？

3) 1つの出来事として展開し、短い文章を書きましょう。

我的一个好朋友现在正在装修房子，因为他很快就要结婚了。他买家具的时候看了好几家，找了一家价格比较便宜、质量又比较好的家具公司预订了家具。等房子装修好之后，再过几个月，他就可以搬家了。(私のある親友は今家の内装をしているところで、それは間もなく結婚しようとしているからだ。彼は家具を買うとき何軒も検討し、値段がわりに安く、品質もまあまあの1軒の家具会社を見つけて家具を注文した。家の内装ができてから、さらに数か月すれば、彼は引越しできるようになる)

第2週

週末の振り返りと力だめし

知っておこう　文章のタイトル、書き出し、段落

一　文章のタイトルの付け方

1篇の文章は、どうすれば人を引きつけ、じっくり読ませることができるのでしょうか？　文章のタイトルは極めて重要であり、よいタイトルは読む人に一目で興味を抱かせます。文章によいタイトルを付ける方法とは、どんなものでしょうか？

1▶ 文章のタイトルは内容と密接な関係を持ち、読み手に書かれている内容を一目で理解させる必要があります。**"中国游学"**（中国遊学）、**"我的妈妈"**（私の母）など。

2▶ タイトルは長すぎず、簡潔・正確で、内容をまとめている必要があります。**"最难忘的一件事"**（最も忘れがたいこと）、**"北京见闻"**（北京の見聞）など。

3▶ タイトルはできるだけ読み手の興味を引くように、さらには新鮮味を感じさせるようにしましょう。**"美丽的颐和园"**（美しい頤和園）、**"我最爱的游戏"**（私の一番好きなゲーム）など。

4▶ 比喩を使う、問いかける、成語や俗語を使うなどの方法でタイトルを付けてもかまいません。**"画蛇添足"**（画蛇添足）**"我为什么来中国"**（私はなぜ中国に来たか）など。

二　文章の書き出し方

文章の書き出し方は様々ですが、よい書き出しは自然に文章のテーマを引き出し、スムーズに中心となる内容に入り、簡潔・明瞭で、しかも読む人の関心を引きつけます。

よく使われる書き出し方は、以下のようなものです。

1▶ ものごとが起こった時間・場所を説明する。

2▶ ものごとが起こった環境・雰囲気を描写する。
3▶ 何らかのものごとに意見を述べる。
4▶ 関係するものごとや人物を直接に紹介する。
5▶ 著名人の有名な言葉を引用する。
6▶ 文章で述べようとする中心的な問題を直接に提起する。

三 文章の段落の分け方

1篇の文章は、通常いくつかの段落に分かれます。1つの段落は、相対的に独立したまとまりのある内容を伝えます。段落に分ける目的は、文章の構成をよりはっきりさせ、要点を目立たせ、読み手がより理解しやすく、文章の意味を正確につかめるようにすることです。

一般的に、1つのものごとを叙述するには時間の経過に従って順に段落を分けることが多く、場所の変化や、ものごとの原因・発生・過程・結果で分けることもできます。

中国語の文章で1つの新しい段落の開始を表すには、作文では行を改め、書き出しは2マス分空けます。くれぐれも気をつけて！

練 習

读下面短文，完成练习。

今天，天气很好，阳光明媚，爸爸带我和妹妹到南湖公园去玩。我们坐着公共汽车来到南湖大桥旁边，那里种着很多花草树木，绿叶衬托着一朵朵各色各样的花朵，非常漂亮。我们下了车，来到桥上，大桥横跨在水面上，许多汽车在大桥上快速地行驶着。来到公园，公园里风景如画，宽阔的湖面上碧波荡漾，漂亮的小石桥直通湖中的小亭子，小亭子里有人在下棋。爸爸给我们租了一艘电动船。我们坐在船上，爸爸开着船，我小心地把手伸进水里，水很清凉，好像全身都变得清爽了。妹妹高兴地拍着手，还唱起了歌。我跟爸爸说让我开一会儿，爸爸把方向舵交给我。我开着船，小船就像一匹小马似的快速地在湖面上行驶，激起一串串白色的水花。突然，前面有艘船朝我们这边开过来，眼看就要撞到了，我手忙脚乱地不知道该怎么办，爸爸急忙把船从前进档换成了后退档，终于成功地避开。我们又在湖面上玩了一会儿，租船的时间就到了。

练习：
1. 给文章加一个你认为合适的题目。
2. 用“||”将文章分成 4 段。

参考解答と訳

以下の短い文章を読んで、練習問題に答えなさい。
練習：
1. 文章にふさわしいと思うタイトルを付けなさい。
2. “||”を使って文章を 4 段落に分けなさい。

游南湖公园

今天，天气很好，阳光明媚，爸爸带我和妹妹到南湖公园去玩。|| 我们坐着公共汽车来到南湖大桥旁边，那里种着很多花草树木，绿叶衬托着一朵朵各色各样的花朵，非常漂亮。我们下了车，来到桥上，大桥横跨在水面上，许多汽车在大桥上快速地行驶着。|| 来到公园，公园里风景如画，宽阔的湖面上碧波荡漾，漂亮的小石桥直通湖中的小亭子，小亭子里有人在下棋。|| 爸爸给我们租了一艘电动船。我们坐在船上，爸爸开着船，我小心地把手伸进水里，水很清凉，好像全身都变得清爽了。妹妹高兴地拍着手，还唱起了歌。我跟爸爸说让我开一会儿，爸爸把方向舵交给我。我开着船，小船就像一匹小马似的快速地在湖面上行驶，激起一串串白色的水花。突然，前面有艘船朝我们这边开过来，眼看就要撞到了，我手忙脚乱地不知道该怎么办，爸爸急忙把船从前进档换成了后退档，终于成功地避开。我们又在湖面上玩了一会儿，租船的时间就到了。

南湖公園に遊ぶ

今日、天気は良く、日差しも素晴らしいので、父は私と妹を南湖公園に遊びに連れていった。|| 私たちがバスで南湖大橋のたもとまで来ると、そこにはたくさんの草花や樹木が植えられ、緑の葉が無数の色とりどりの様々な花びらに映えて、とても美しかった。バスを降り、橋まで来ると、大橋は水面をまたぎ、たくさんの車が大橋の上を飛ぶように走っていた。|| 公園にやってくると、その中の風景は絵のようで、広い湖面には青い波がたゆたい、美しい小さな石の橋が

湖の中のあずまやまで通じており、あずまやでは将棋を指している人がいた。||

父は私たちに１艘のモーターボートを借りてくれた。私たちはボートに乗り、父は船を運転し、私が気をつけて手を水の中に伸ばすと、水は澄んでいて、全身がすっかり爽やかになったようだった。妹は嬉しそうに手をたたき、歌も歌いだした。私が父に少し運転させてほしいと言うと、父はハンドルを私に持たせてくれた。私が運転すると、ボートは１頭の子馬のように素早く湖面を走り、たくさんの白い水しぶきを激しく上げた。突然、前方のボートが私たちの方に向かってきて、もう少しで衝突しそうになり、私は慌てふためいてどうしていいか分からなかったが、父が急いでボートを前進から後退にギアチェンジし、とうとう上手く避けた。私たちはまた湖面でしばらく遊び、ボートの貸し出し時間はじきに終わった。

第3週

図を見て短い文章を書く

今週から、私たちはHSK 5級作文の第3部分——図を見て短い文章を書くトレーニングに入ります。第1週の単語から文を組み立てる、第2週の与えられた単語から短い文章を書く問題に比べ、図を見て短い文章を書く問題ではさらに高度な要求が課されます。この問題では、図の内容に基づいて想像力を発揮し、言葉を選んで文を作り、文から1篇の文章にすることが求められます。書き上げた短い文章は文法ルールに合致するだけでなく、図の内容にも合っている必要があり、難易度が高まるようですが、実は思ったほど難しくはありません。これまでの2週間の勉強をふまえて、今週もまた本に沿って着実に練習すれば、きっとこの部分もマスターできるでしょう。3週間のトレーニングを通じて、みなさんがなめらかで美しく、内容豊かで、文法ルールに沿った短い文章が書けるようになっていることを信じています！

月曜日

動作の状態（二）副詞（三）

先週の金曜日は、動作の進行・持続・間もなく起こるなどの状態をどう言い表すかを学びました。では、動作の完了と経験は、どう表現すればいいのでしょうか？　それは動態助詞“了”と“过”によって可能になります。“動詞＋了”で完了を、“動詞＋过”で経験を表します。ほら、こんなに簡単でしょう？　でも、具体的な部分には注意が必要です。

単語の部分では、今日は一部のよく使われる副詞についてもう少しまとめましょう。

■要点のまとめ

動作の完了／動作の経験／範囲副詞／程度副詞／頻度副詞

一、動作の状態

（一）動作の完了

中国語では、主に“了”を用いて動作の完了と実現を表します。“了”は意味と位置によって、以下の２つに分かれます。

“了$_1$”：動作の完了を表し、動詞の後に用います。

“了$_2$”：状況・状態の出現と変化を表し、文末に用います。

❶ “了$_1$”：**動作・行為の完了を表し、動詞の後に用います。**

例：我去书店买了三本书。

1) 動詞の後に目的語がある場合、“了”は目的語の前に置きます。

例：我去商场买了件衣服。

2) 動詞の後に補語がある場合：

動詞＋単純方向補語の場合、“了”は補語の後に来ます：前边开来了一辆汽车。

動詞＋結果補語の場合、“了”は補語の後に来ます：他回答完了两个问题。

動詞+数量補語の場合、“了”は補語の前に来ます：我去了一趟上海。

3) 連動文と兼語文の中では、“了”は2番目の動詞の後に来ます。

例：他去邮局寄了一个包裹。

同学们请老师讲了一个故事。

4) 否定を表す場合、動詞の前に“没（有）”を加え、“了”は用いません。動作はまだ起こっていない、あるいは完了していない意味になります。

例：我没买书。

我没写完作业。

5) 1つの動作が完了した後、さらに新たな動作が起こる場合、最初の動詞の後に“了”を置く必要があります。

例：他先检查了一下机器的情况，然后冷静地操作起来。

看了他的信，她伤心地流下泪来。

昨天我们吃了饭就去上课了。

明天我们吃了饭就去上课。

6) 日常的にくり返すことには、動詞の後に“了”を用いる必要はありません。

例：他身体不好，常常生病。

最近他每天都去健身房运动。

❷ “了₂”：文末に用い、状況・状態の変化を表し、さらに語気を表すこともできます。

例：树上的叶子已经红了。（変化を表す）

我走了，再见。（陳述の語気を表す）

❸ “了₁、了₂”を共に用いる場合があります。

1) 動作が現時点で完了している状況を説明し、よく“已经”とともに用いられます。

例：我已经写了回信了。

我忘了告诉他了。

2) “動詞+了₁+数量詞+了₂”で、現在まで持続している時間や到達した数量を表し、動作は一般的にまだ進行しています。

例：我吃了两个苹果。（現在は食べておらず、動作は完了している）

我吃了两个苹果了。（3つ目を食べるかもしれず、動作はまだ進行

している）

（二）動作の経験

過去にある種の経験をしたことを表し、一般的に動態助詞“过”を用います。

❶ 基本構造：主語＋動詞＋过（＋目的語）。否定を表す場合、一般的に動詞の前に“没（有）”を加え、書き言葉では“不曾”“未曾”を用いることもできます。

例：她以前学过日语。
他没去过长城。
我曾经吃过这种水果。
我不曾见过他。

❷ 疑問文の基本構造：“動詞＋过（＋目的語）＋没有？”

例：你去过没有？
你参观过故宫没有？

❸ 結果補語がある場合、“过”は結果補語の後に置く必要があります。

例：那个医生治好过我的病。

❹ 連動文では、“过”は2番目の動詞の後に置く必要があります。

例：我去医院检查过身体。

❺ “过”は離合詞と同時に用いる場合、離合詞の間に置く必要があります。

例：生过一次病、游过很多次泳
我们俩见过面。
他离过两次婚。

❻ “过”は形容詞の後にも用いることができ、一般的に比較の意味をともないます。

例：我也曾年轻过。
他的房间从来没这么干净过。
他的病好过一阵子，现在又恶化了。

二、副詞のまとめ

❶ 都、全

1) “都、全”は一般的に主語の後や述語動詞の前に置き、「すべて」の意味を表します。“都”と“全”は互いに入れ替えでき、一緒に用いて“全都”とすることもできます。

例：我们都（全、全都）来了。

我们已经全都知道了，不用再介绍了。

2) “全”は名詞の前で範囲を表すこともできますが、“都”はできません。

例：全国、全校、全世界、全球、全人类、全过程

这次考试，我们全班同学都通过了。

❷ 挺……的、怪……的、太……了、可……了

1) “挺……的、怪……的”はいずれも程度の高さを表すことができ、そのうち“怪……的”の中には一般的に不本意なことを表す単語が入ります。

例：你这次的考试成绩还挺不错的，继续努力!

别再夸奖我了，弄得人家怪难为情的。

2) “太……了、可……了”もいずれも程度の高さを表すことができ、“太……了”は不本意なことや、度を越していることも表現できます。

例：你在演讲比赛上的表现太棒了!

这家饭馆的糖醋排骨可好吃了。

做糖醋排骨又要炸又要炖，太麻烦了。

❸ 越……、越……、越来越……

1) 越＋動詞＋越＋形容詞：動作の進行に従い、程度がしだいに高まることを表します。

例：雨越下越大，你还是等雨停了再走吧。

老白越说越激动，我不得不打断了他的话。

2) A越……，B越……：前後で異なる主語となり、Aの状況の変化に従って、Bの程度が高まり続けることを表します。

例：讨论越深入，问题也就越清楚。

他现在逆反心理严重，你越批评他，他越不听你的。

3) 越来越……：後ろに形容詞や心理状態を表す動詞を加え、時間の経過に

従って程度がしだいに高まることを表します。

例：冬天要到了，天气越来越冷了。

同学们越来越喜欢学习汉语了。

❹更、更加

どちらも意味は同じで、程度が高まることを表し、比較の意味を含みます。“更加”は一般的に書き言葉に用い、また2音節や多音節の語の前にしか用いることができません。

例：今天比昨天更冷了。

我更喜欢这个地方了。

雪后的西山，景色更加妩媚多姿。

他的性格比以前更加开朗。

❺很、非常、特别、十分、相当、极

1) 很：程度が高いことを表します。

例：他这次考试成绩很好，全班第二。

你的表现很好，值得表扬。

単音節の形容詞の前にはよく“很”が加わり、2音節となります。

例：今天天气很好。

他长得很高。

2) 非常：程度が高いことを表し、一般的に“很”よりも程度がやや高まります。

例：这次北京之行非常开心。

“非常”も形容詞となることができ、普通でない、特殊なことを表し、名詞の前にしか用いません。

例：非常时期、非常表现、非常情况

3) 特别：これも程度が高いことを表し、一般的に“很、非常”よりさらに程度が高くなります。

例：你的表现特别棒，你是我们的骄傲。

“特别”も形容詞となることができ、普通でない、特別なことを表し、連体修飾語や述語となることもできます。

例：他是一个很特别的人，从来都是独来独往。

这种感觉很特别，不知道该怎么用语言表达。

4) 十分：これも程度が高いことを表し、やや書き言葉に向き、“万分、分外、格外”とすることもできます。

例：演出成功了，他的内心十分（万分、分外、格外）激动。

5) 相当：程度が高いことを表します。

例：她今天的表现相当不错。

这项任务是相当艰巨的。

“相当”は動詞となることもでき、数量・価値・条件・状態がほぼ同等で釣り合うことを表します。また､よく“于”と“相当于……”の構造を作り、ほぼ同じであることを表します。

例：他们两个人年纪相当，一定会成为好朋友的。

参加比赛的两名选手实力相当。

这棵树的高度相当于五层楼的高度。

6) 极：最高の程度を表し､“极其､极为”とすることができる場合もあります。

例：这次考试极（极其、极为）重要，希望大家一定要认真准备。

只有极少数刻苦努力的学生能获得这项奖学金。

“极”は補語となることもでき、構造は“述語＋极＋了”となります。

例：考上了理想的大学，她高兴极了。

❻再、又、还

1)“再、又、还”はいずれも動作が重ねて起こったり継続して行われたりすることを表します。

“再”は主観性を表し、完了していない動作を表すことが多く、命令文や仮定文でも用いることができます。

例：北京烤鸭真好吃，我想再吃一次。

明天你再来一趟吧。

你要是再不告诉我，我可就生气了。

“又”は客観性を表し、完了した動作を表すことが多く、よく“了”とともに用いられますが、命令文では使えません。

例：这部电影我又看了一遍。

他又找了一个新的女朋友。

“还”は一般的に完了していない動作を表し、陳述文・疑問文で用いることができますが、命令文には使えません。

例：明天我还会来看你的。

已经十二点了，他还在学习吗?

2)“又、还”は能願動詞の前に用い、“再”は能願動詞の後に用います。

例：我又能听到你的声音了。

我还能再玩一次这个游戏吗?

你能再给我讲一遍吗?

3)“再”には「さらに加える」意味もあり、もし動作が継続するとどうなるかを表します。

例：再便宜一点儿我就买。

你再努力一点儿就能考上大学了。

“再……也……”は、「たとえ状況がそれ以上……となっても……だ」の意味を表します。

例：汉语再难我也要学。

这本词典再贵我也要买。

“再”はある動作が別の動作の後に起こることも表現できます。

例：我打算找到工作以后再结婚。

咱们先写完作业再去看电影吧。

“还”と“再”は同時に用いることができ、重複や連続を強調し、“还＋能願動詞＋再……”となります。

例：杭州真漂亮，我还想再去一次。

这部电影真好看，我还想再看一遍。

“再也不（没、没有）……”は、「二度と……しない」あるいは「その後今までずっと……していない」ことを表します。

例：这个鬼地方，我再也不来了。

大学毕业以后，我再也没见过他。

4)“又”は否定文や反語文でも用いることができ、語気を強め、“又不……、又没……”の形になります。

例：我又不是第一次去，你不用担心。

我又不认识你，凭什么要听你的?

“又”はいくつかの状況や性質が同時に存在することも表現でき、“又……又……、既……又……”の形になります。

例：他每天又忙工作，又忙学习，真够辛苦的。

这儿的饭菜既便宜又好吃。

5) "还"には「依然として」の意味があります。

例：十年没见了，你还是老样子。

都九月份了，天气怎么还这么热?

"还"には「もっと」の意味もあり、"……比……还……"の形になります。

例：今天比昨天还冷。

我比你还糊涂呢。

"还"はある範囲以外につけ加えることも表現でき、"(除了)……还……"の形になります。

例：除了故宫，我还去过香山、颐和园。

她每天下了班，回到家还要忙家务。

"还"はある状況が思いもよらなかったことも表現でき、多くの場合に賛嘆や叱責、当てこすりの意味をともないます。

例：你还真有办法，这么难的问题都解决了。

你还大学生呢，连这个字都不认识。

実戦問題

1 完成句子。

1. 我　不能　今天　爬山　了
   跟你们一起

2. 我们　都　听到　这个消息　吃了一惊

3. 朋友　送给我的　我　生日礼物
   接受了

4. 校长　学校的历史　讲过　给我们

5. 就　我打算　下了班　去医院
   看望同事

6. 我　演讲比赛　过　曾经　参加
   大学生

7. 这所大学　很多　培养了　优秀人才

8. 都　他们　全　打算　参加
   这次 HSK 考试

9. 别人　就　一个人　都去了　你　不去

参考解答と訳：

1 文を完成させましょう。

1. 我今天不能跟你们一起爬山了。/
   今天我不能跟你们一起爬山了。（私は今日あなたと一緒に山に登れなくなった。／今日私はあなたと一緒に山に登れなくなった）
2. 听到这个消息我们都吃了一惊。/
   我们听到这个消息都吃了一惊。（この知らせを聞いて私たちはみなびっくりした。／私たちはこの知らせを聞いてみなびっくりした）
3. 我接受了朋友送给我的生日礼物。（私は友達が［私に］くれた誕生日のプレゼントを受け取った）
4. 校长给我们讲过学校的历史。（校長は私たちに学校の歴史を話してくれたことがある）
5. 我打算下了班就去医院看望同事。（私は仕事の後に病院へ同僚の見舞いに行くつもりだ）
6. 我曾经参加过大学生演讲比赛。（私は以前に大学生のスピーチコンテストに出たことがある）
7. 这所大学培养了很多优秀人才。（この大学は多くの優れた人材を養成した）
8. 他们全都打算参加这次 HSK 考试。（彼らはみな今回のＨＳＫ試験を受けるつもりだ）
9. 别人都去了，就你一个人不去。（他の人はみな行ったのに、あなただけが行かない）

10. 刚才　事故　我　一起　遇到了
交通

10. 刚才我遇到了一起交通事故。/
我刚才遇到了一起交通事故。(さっき私はある交通事故に出会った。／私はさっきある交通事故に出会った)

2 请结合每张图片写一篇 80 字左右的短文。

✦ヒントと参考解答訳：

2 それぞれの図に合わせて、80 字程度の短い文章を書きましょう。

1. 図を見て、疑問を出しましょう。

1) 図にはどんな人がいますか？　先生・学生・会社員……。
2) できごとはいつ起こったと考えられますか？　朝・昼・午後・放課後・仕事の後……。
3) 彼らはどこにいると考えられますか？　公園・グラウンド・郊外……。
4) 彼らは何をしていますか？　おしゃべり・議論・会議……。
5) 彼らの気持ちはどうですか？　楽しい・退屈・感動……。

2. 上のような疑問を整理して、想像をめぐらせ、出来事の起こる順番と過程を組み立て、1 つのストーリーとして展開して短い文章を書きましょう。

今天我们有两节汉语课，我们的汉语老师是中国人。她的课讲得很好，声音也很好听，对同学们也很亲切，我们都很喜欢她。放学以后，她和我们一起在操场上讨论一个关于中国文化的问题，我们讨论得很开心，也学到了很多东西。(今日私たちは 2 コマの中国語の授業があり、私たちの中国語の先生は中国人だ。彼女の授業は面白く、声も美しく、学生たちにも心をこめて接し、私

第一週 月 火 水 木 金 末
第二週 月 火 水 木 金 末
第三週 月 火 水 木 金 末

たちはみなとても彼女が好きだ。放課後、彼女と私たちは一緒にグラウンドで１つの中国文化の問題について議論し、私たちは楽しく話しあい、多くのことも学んだ）

✦ヒントと参考解答訳：

1. 図を見て、疑問を出しましょう。
   1) この図はどんな意味ですか？「喫煙禁止」
   2) このマークをどんな場所でよく見かけますか？　レストラン・学校・デパート・オフィスビル……。
   3) あなたはどんなことを考えますか？健康・環境・衛生・汚染……。
2. 上のような疑問を整理して、想像をめぐらせ、出来事の起こる順番と過程を組み立て、１つのストーリーとして展開して短い文章を書きましょう。

　这是一个禁止吸烟的标志，相信大家在很多公共场所都看到过这个，比如说学校、电影院、商场、火车、飞机上等。吸烟不仅对自己的身体造成伤害，同时还会影响他人的健康，污染环境，所以大家都来参与到禁烟行动中吧！（これはある喫煙禁止の標識で、みなさんはきっと学校・映画館・マーケット・鉄道・飛行機など、多くの公共の場所でこれを目にしていることでしょう。喫煙は自分の体を傷つけるだけでなく、同時に他人の健康にも影響し、環境を汚染する可能性があり、そのためみなさんも禁煙運動に参加しましょう！）

新出単語

吃惊	chījīng	（動）	驚く、びっくりする
看望	kànwàng	（動）	見舞う、訪問する、ご機嫌を伺う
演讲	yǎnjiǎng	（動）	講演する
曾经	céngjīng	（副）	かつて、以前に
培养	péiyǎng	（動）	育てる、養成する
起	qǐ	（量）	件、回
职员	zhíyuán	（名）	職員
郊外	jiāowài	（名）	郊外
亲切	qīnqiè	（形）	親しい、心がこもっている
吸烟	xīyān	（動）	たばこを吸う
标志	biāozhì	（名）	標識、しるし
场所	chǎngsuǒ	（名）	場所、施設
造成	zàochéng	（動）	（好ましくない事態を）引き起こす、作り上げる
伤害	shānghài	（動）	傷つける、損なう
参与	cānyù	（動）	参与する、参加する

復習と練習

1 选择填空。

稍微　再　越……越……　都　一共
相当　还　更　特别　尤其

1. 等凉快一点儿我们（　　）出发吧。
2. 你们看，天（　　）黑了，就别走了。
3. 加上税款，这辆车买下来（　　）花了二十四万元。
4. 这套房子的租金（　　）于他一个月的工资。
5. 快点儿告诉他吧，你（　　）不说，他（　　）着急。
6. 老师，您说得有点儿快，能（　　）慢一点儿吗?
7. 这家超市的蔬菜（　　）便宜一些。
8. 今天对他们俩来说是一个（　　）的日子，是他们的结婚纪念日。
9. 春节是中国的传统节日，人们都沉浸在喜悦之中，（　　）是孩子们。
10. 都十二点了，你怎么（　　）不睡觉?

参考解答と訳：

1 ふさわしい単語を選んで空欄を埋めましょう。

1. 等凉快一点儿我们（再）出发吧。(少し涼しくなってから私たちは出発しましょう)
2. 你们看，天（都）黑了，就别走了。(みんな見て、空も暗くなったから、行かないことにしよう)
3. 加上税款，这辆车买下来（一共）花了二十四万元。(税金を入れて、この車は買うのに全部で 24 万元かかった)
4. 这套房子的租金（相当）于他一个月的工资。(この家の家賃は彼の 1 か月分の給料に相当する)
5. 快点儿告诉他吧，你（越）不说，他（越）着急。(早く彼に知らせて、あなたが話さないほど、彼はますます焦るから)
6. 老师，您说得有点儿快，能（稍微）慢一点儿吗？(先生、ちょっとお話が早いので、少しゆっくりにしていただけますか？)
7. 这家超市的蔬菜（更、稍微）便宜一些。(このスーパーの野菜はもう少し安い。／このスーパーの野菜はほんの少し安い)
8. 今天对他们俩来说是一个（特别）的日子，是他们的结婚纪念日。(今日は彼ら 2 人にとってある特別な日で、彼らの結婚記念日だ)
9. 春节是中国的传统节日，人们都沉浸在喜悦之中，（尤其）是孩子们。(春節は中国の伝統的な祭日で、人々はみな喜びに浸り、中でも子供たちはそうだ)

2 改错句。

1. 晚上我吃饭就去你那儿。

2. 我还没有考虑了这个问题。

3. 我每天下午去商店了。

4. 来北京以后，我还没有生病过。

5. 除了苹果，我都喜欢吃香蕉、葡萄。

6. 妈妈叮嘱一再，可他依然经常加班，忙得顾不上找女朋友。

7. 她是一个很非常的人，从来都是独来独往。

8. 同学们请了老师讲一个关于长城的故事。

9. 演讲比赛结束了，一起同学们为参赛选手鼓掌。

10. 近几年，他每周都要去爬香山了。

10. 都十二点了，你怎么（还）不睡觉？（もう12時になった、あなたはどうしてまだ寝ないの？）

参考解答と訳：

2 間違った文を直しましょう。

1. **晚上我吃完饭就去你那儿。**（夜に私は食事を終えたらあなたのところに行く）
2. **我还没有考虑过这个问题。**（私はまだこの問題を考えたことがない）
3. **我每天下午都去商店。**（私は毎日午後いつも店に行く）
4. **来北京以后，我还没有生过病。**（北京に来てから、私はまだ病気になったことがない）
5. **除了苹果，我还喜欢吃香蕉、葡萄。**（リンゴのほかに、私はバナナと、ブドウ［を食べるの］も好きだ）
6. **妈妈一再叮嘱，可他依然经常加班，忙得顾不上找女朋友。**（母親は何度も注意しているが、彼はそれでもいつも残業し、忙しくてガールフレンドを探す暇がない）
7. **她是一个很特别的人，从来都是独来独往。**（彼女は［1人の］変わり者で、今までずっと我が道を歩んできた）
8. **同学们请老师讲了一个关于长城的故事。**（クラスメイトたちは先生に［1つの］長城についての物語を話してもらった）
9. **演讲比赛结束了，同学们一起为参赛选手鼓掌。**（スピーチコンテストが終わって、クラスメイトたちはみんなで出場者に拍手した）

③ 请结合这张图片写一篇 80 字左右的短文。

1. 看图，提出问题，并列举可能的答案。

如：

1） 图片上的人在做什么？看手机、约会、吃饭……

2） ____________________

3） ____________________

4） ____________________

2. 整理以上问题，进行想象，安排事情发展的顺序和过程，扩展成完整的一件事，书写短文。

____

____

____

____

10. 近几年，他每周都要去爬香山。（ここ数年、彼は毎週いつも香山に登りに行く）

✦ヒントと参考解答訳：

③ 図に合わせて、80 字程度の短い文章を書きましょう。

1. 図を見て、疑問を出し、考えられる答えを書きましょう。

例：

1) 図の中の人は何をしていますか？ 携帯を見る・デート・食事……。

2) 図の中の人は携帯電話で何をしていますか？　メッセージを送る・ニュースを見る・動画を見る……。

3) 図の中の人はどんな関係ですか？ 同僚・友達・夫婦・恋人……。

4) 携帯電話にはほかにどんな機能がありますか？　電話する・ゲームで遊ぶ・チャット・読書・インターネット・カメラ……。

2. 上のような疑問を整理して、想像をめぐらせ、出来事の起こる順番と過程を組み立て、1 つのストーリーとして展開して短い文章を書きましょう。

随着科技的进步，手机的功能越来越多。在街上、饭馆里、地铁里、公交车上，拿着手机打电话、发短信、玩游戏、看视频的人随处可见。很多人因为长时间玩手机而忽视了与身边朋友的交流，有的人甚至一会儿不看手机就会觉得少了点儿什么。今天，你用手机了吗？（科学技術の進歩に従って、携帯電話の機能はますます多様になっている。道で、レストレンで、地下鉄で、バスで、携帯電話を持って電話したり、メッセージを送ったり、ゲームで遊んだり、動画を見たりしている人はどこでも見かける。多くの人は長いあいだ携帯電話をいじっていて身近な友人との交流をおろそかにし、しばらく携帯電話を見なければ何か物足りなく感じる人さえいる。今日、あなたは携帯電話を使っただろうか？）

火曜日

文の分類 副詞（四）

これまで、私たちは文の構造や様々な構文を学んできました。今日は改めて、語気〔話し手の心情・態度の表現〕の面から文を分類してみましょう。こうすると、中国語の文の用法をよりよく理解する助けになります。

語気に基づいて、文は４つに分けられます。陳述文・命令文・疑問文・感嘆文です。

それぞれの文の文末や文中で中断のある箇所では、よく語気助詞によって様々な語気が表現されます。

今日の単語の部分では、一部のよく使われる情態副詞と語気副詞を見てみましょう。

■要点のまとめ

陳述文／命令文／疑問文／感嘆文／情態副詞／語気副詞

一、文の分類

(一）陳述文

陳述文とはあることがらについて述べたり、ある事実を説明したりする文で、文末は“。”で休止を表します。

❶ 陳述文の文末には語気詞をともなうことがあり、よく“的、呢、呗、嘛、罢了”**が用いられます。**

例：今天下午他一定会来的。（肯定を強める）
　　这里的环境才美呢。（やや誇張する）
　　今天本来就很热嘛。（明らかな、分かりきったことを表す）
　　他不是不会做，只是不想做罢了。（ただそれだけだと強調する）

❷ 二重否定によって肯定の語気を強めることもあります。

例：这里的人没有不知道他的。

你放心吧，他不会不帮我的。

（二）命令文

命令文は、聞き手に何かをさせる、あるいは何かをさせない文で、文末の記号は“。”や“!”を用います。文中の主語が特定の人物の場合、口語ではよく主語が省略されます。

例：（咱们）快走吧。

（你）快回来!

語気の違いによって、命令文は２つに分かれます。

❶ 命令・禁止を表す：語気は固く、率直で、文末には語気詞を用いることはまれです。否定形ではよく“别、不准、不许、不得（dé）”**などが用いられます。**

例：快吃！ 别说话!

禁止吸烟!

❷ 提案・催促・請求を表す：語気は婉曲・控えめで、前に“请”**を用いることができます。文末にはよく**“吧”**を用います。否定形では**“不要、别、不用、甭”**などを用います。**

例：请重新输一下信用卡密码。

你帮我把那本书拿过来吧。

下雨呢，别走了。

（三）疑問文

疑問文は疑問の語気を表し、尋ねることを表す文で、文末の記号は“?”を用います。

❶ 是非疑問文

1）“吗”を陳述文の末尾に用い、相手に肯定か否定の回答を求めます。

例：你是上海人吗?

你的自行车可以借我用一下吗?

2）“好吗、行吗、对吗、可以吗”を用いて、話し手がまず自分の意見・要求などを述べてから、相手の意見を尋ねます。

例：下午我们一起去看电影，好吗?

我明天再去，可以吗?

3) 陳述文に“吧”を加える：尋ねる人が状況に対して何らかの推測をしているが、確かではない場合、この形で尋ねることができます。

例：现在快十点了吧?

你是日本人吧?

4) 陳述文に“?”を加える：前後の文脈がはっきりしている場合、語気詞を省略することができます。こういった疑問文は一般的に驚き・疑いの語気を含みます。

例：你今天不去上课了?

这篇文章是你写的?

❷ 疑問詞疑問文

1) 疑問詞“谁、什么、多少、哪儿、几、怎么、怎么样”などを用いて尋ね、後に語気詞の“呢”を加えることができます。こういった疑問文の語順は陳述文と同様です。

例：——你在看什么? ——我在看小说。

——你这次考试考了多少分? ——我这次考试考了九十分。

2)“多＋形容詞”の形で尋ねます。

例：——你的个子有多高? ——我一米七五。

——这条河有多宽? ——这条河三十多米宽。

❸ 反復疑問文

1) 常用される4つの形：A ＋不＋ A ＋目的語　　A ＋目的語＋不＋ A

A 没 A　　A ＋没有

例：你看不看足球比赛?　　你看足球比赛不看?

小李走没走?　　小李走了没有?

2)“是不是”を用いた反復疑問文では、“是不是”は述語の前にも、文末にも置くことができます。

例：他们是不是明天就回国了?

他们明天就回国了，是不是?

❹ 選択疑問文：A 还是 B?

例：你下星期来我们这里开会，坐飞机来还是坐火车来？
是你去还是他去？

❺ 否定疑問文

1) “不是……吗、没……吗”を用いて否定形で問いかけ、肯定の語気を強めます。

例：你不是去过那里吗？ 你给我们当导游吧！ （行ったことがある事実を強調する）

你没看出来吗？他不太高兴。（彼が喜んでいない事実を強調する）

2) 疑問詞“怎么、什么、哪、哪里、谁”などを用いて否定形で問いかけ、反駁・同意しないなどの意味を表します。

例：他哪里不高兴了？ （彼は喜んでいないわけではない）

你什么时候告诉我了？ （あなたは私に伝えていない）

3) 副詞“还、难道、何必”などを用いて否定形で問いかけ、……するべきだ、当然だ、必要がないなどの意味を表します。

例：有这么好的居住条件，你还不满意？ （あなたは満足するべきだ）

我已经跟你说了好几次了，难道你忘了吗？ （あなたは忘れるべきではない）

（四）感嘆文

感嘆文は賞賛・感慨・喜び・意外・驚き・怒りなどの強い感情を表す文で、文末には一般的に“！”を用います。よく“啊、了、呢”などの語気詞を用います。

例：你简直太棒了！
真了不起啊！
这里的风景真美啊！
小心！ 危险！

（五）語気助詞

語気助詞は文末や文中の休止箇所に用い、語気・態度を表す語です。よく用いられる語気助詞には“啊、吗、呢、吧”などがあります。こういった語気助詞を知ると、文の持つニュアンスを理解し、話し手の語気・態度をはっきりと認識する大きな助けとなります。また言語の表現能力を高めることにも役立ち、

HSKのための作文レベルも向上します。

❶ 啊：感嘆を表し、一般的に疑問文には用いません。

例：这里的风景多美啊!

❷ 吗

1) 一般的に陳述文の文末に用い、是非疑問文を作ります。否定疑問文にも用いることができます。

例：他是你的爱人吗?

你这样还像个学生吗?

2) 反復疑問文の後には"吗"を用いません。

例：你吃不吃饭吗?　（×）

❸ 呢

1) 一般的に選択疑問文・疑問詞疑問文の後に用います。

例：你去北京还是上海呢?

你打算怎么去呢?

2) 反復疑問文の後には"呢"を加えることができます。

例：你吃不吃香菜呢?

他是不是留学生呢?

3) 特定の文脈では、"呢"は名詞や名詞フレーズの後に直接置いて、状況や場所を尋ねることができます。

例：我去看电影，你呢?　（あなたは何をする？）

玛丽，我的铅笔呢?　（私の鉛筆はどこにある？）

4) "何必……呢"や"……，何必呢"は、必要がないことを表します。

例：为了一点儿小事，何必发这么大脾气呢?

为了一点儿小事发这么大脾气，何必呢?

❹ 吧

1) 命令文の文末に用い、語気をゆるめます。

例：我们走吧。

2) 是非疑問文に用いることもでき、可能性の高い推測を表します。

例：他是清华大学的老师吧?

3) 複文の中の単文の後に用い、休止や列挙を表します。

例：这件事情吧，其实是这个样子的。

今天去吧，时间太紧张；明天去吧，又怕来不及。

二、副詞のまとめ

❶ 渐渐、逐渐、逐步

1) 渐渐、逐渐：いずれも後に動詞や形容詞を置くことができ、時間の推移に従って自然な、緩やかな変化が起こることを表します。両者は通常入れ替え可能ですが、"渐渐"は持続的な変化と客観的な変化に重きを置くのに対し、"逐渐"は段階的な変化や主観的な変化を表すことができます。

例：春天来了，冰雪渐渐融化了。

他渐渐醒了。

经过一年的相处，我们逐渐改变了对他的看法。

来中国以后，我才逐渐了解了中国人的真实生活情况。

2) 逐步：後に動詞を置き、「一步一步」変化することを表し、計画的な、ステップのある変化を強調します。

例：政府采取了一系列措施，逐步解决了这一地区的交通拥堵问题。

我们要逐步提高公司的信息化管理水平。

❷ 到底、究竟、毕竟

1) 到底、究竟：疑問文で用いることができ、追及を表します。

例：和你一起走的女孩到底（究竟）是谁？

究竟（到底）什么才是最好的学习方法呢？

2) 到底、毕竟：結論をとことん問い詰め、ものごとの本質や特徴を強調します。

例：他到底（毕竟）学过两年汉语，所以基本的日常用语是会的。

专家毕竟（到底）是专家，懂的就是多。

3) "到底"は動詞とすることもでき、「最後まで」の意味を表します。

例：一定要坚持到底。

4) "究竟"は名詞とすることもでき、「本当の原因」を表します。

例：这件事大家都想知道个究竟。

❸ 则、却、倒

1) 则：2つのものごとの対比を強調し、書き言葉の性格が強く、よく“……，（而）……则……”の形をとります。

例：在中国，一般来说，北方人爱吃咸的，而南方人则爱吃甜的。

这篇课文太难，那篇则太简单。

2) 却：逆接を表し、よく“虽然……但是……”の形とともに用い、逆接の語気を強めます。

例：这次旅行时间虽短却让人印象深刻。

虽然你说得很有道理，但是他却根本没放在心上。

3) 倒：予想外、不満の語気を表します。

例：今年冬天不太冷，不知为什么，春天倒冷得出奇。

你越解释我倒越糊涂了。

你说得倒容易，做起来就不容易了。

❹ 难道、难怪、怪不得

1) 难道：难道＋不／没の形で否定疑問文に用い、問い詰める語気を強めます。

例：老师已经讲了三遍了，难道你还没听懂？

他这次帮了你这么大的忙，难道你不应该好好谢谢他吗？

2) 难怪：あるものごとの原因を知り、もう不思議に思わなくなったことを表します。

例：听说小李结婚了，难怪他最近总是笑呵呵的呢。

3) 怪不得：“难怪”と同様です。

例：怪不得（难怪）你的汉语说得这么好，原来你来中国已经3年了。

“怪不得”には、ある人を責められないという意味もあります。

例：没得到奖学金是你自己努力不够，怪不得别人。

❺ 何必、何苦

1) 何必：問い詰める語気をともなって、必要がないことを表し、文末によく“呢”を置きます。

例：都是老朋友了，何必这么客气？

有事打个电话就行了，何必大老远地跑过来一趟呢？

2) 何苦：問い詰める語気をともなって、そうする価値がないことを表し、文末によく“呢”を置きます。

例：两个人已经分手了，你何苦还总想着他呢？

❻ 简直、反正

1) 简直：ほぼ同じ（だがその程度には達していない）ことを表し、誇張の語気で程度が高いことを説明します。

例：你的汉语说得太棒了，简直跟中国人一样。

他画的画儿简直跟真的一样。

2) 反正：状況がどうあろうと、結果は常に変わらないことを表します。よく“不管……，反正……”の形を用います。

例：不管你同不同意，反正我已经决定去中国留学了。

もう一つの用法は、ある事実を強調し、その条件下である結果を生むことを表します。

例：反正你现在也不忙，就休息一会儿吧。

反正我也要去图书馆，可以顺便帮你把书还了。

❼ 竟然、竟、居然

いずれも、その事実が起こったことを話し手が予想せず、意外に感じたことを強調します。

例：为了减肥，他竟然（竟、居然）整整一天没吃东西。

❽ 大概、大约、也许、可能、恐怕

1) 数量を予想する場合、よく“大概、大约”に数量詞を加えます。

例：这个箱子大概有二十斤重吧。

这次考试大约有三分之一的同学得了满分。

2) ものごとの発生・発展の状況を推測し、よく“可能、也许、大概”に述語を加えます。

例：这件事大概和他有关。

她也许是没看到你，不然不会不和你打招呼的。

3) “恐怕”もものごとへの推測を表しますが、多く望ましくないものごとを指します。

例：要下雨了，他恐怕不会来了。

最近学习不太努力，我这次考试恐怕要不及格了。

実戦問題

1 完成句子。

1. 我们　明年春天　计划　结婚

2. 你　我们没法　这样　无理取闹　工作了

3. 同学们　下雨了　就要　快回家　吧

4. 你　还是　辣的　喜欢吃　不辣的菜？

5. 中国的　没有　人　不知道　万里长城

6. 我　你的要求　恐怕　答应　不能

7. 他　是　公正廉洁的　一个　好领导

8. 告诉我　他　居然　这么重要的事　没有

9. 你　难道　体谅一下　不能　她的难处　吗？

参考解答と訳：

1 文を完成させましょう。

1. 我们计划明年春天结婚。（私たちは来年の春結婚するつもりだ）
2. 你这样无理取闹，我们没法工作了。（あなたがこんなふうに理由なく悶着を起こすなら、私たちは仕事のしようがありません）
3. 就要下雨了，同学们快回家吧。/ 同学们，就要下雨了，快回家吧。（もうすぐ雨が降りそうだ、クラスのみなさんは早く家に帰って。／クラスのみなさん、もうすぐ雨が降りそうだ、早く家に帰って）
4. 你喜欢吃辣的还是不辣的菜？（あなたは辛い料理を食べるのが好きですか、それとも辛くない料理ですか？）
5. 没有人不知道中国的万里长城。/ 中国的万里长城没有人不知道。（中国の万里の長城を知らない人はいない。／中国の万里の長城は知らない人がいない）
6. 我恐怕不能答应你的要求。/ 你的要求我恐怕不能答应。（私はおそらくあなたの要求に答えらえない。／あなたの要求には私はおそらく答えられない）
7. 他是一个公正廉洁的好领导。（彼は［1人の］公正で清廉なよい指導者だ）
8. 他居然没有告诉我这么重要的事。/ 这么重要的事他居然没有告诉我。（彼はなんとこんな重要なことを私に言わなかった。／こんな重要なことを彼はなんと私に言わなかった）

10. 他　年龄不大　倒　做事
挺成熟的

9. 你难道不能体谅一下她的难处吗?（あなたはまさか彼女が困っていることを少し思いやれないのですか？）

10. 他年龄不大，做事倒挺成熟的。（彼は年齢は高くはないが、ものごとのやり方がとても成熟している）

2 请结合每张图片写一篇 80 字左右的短文。

✦ヒントと参考解答訳：

2 それぞれの図に合わせて、80 字程度の短い文章を書きましょう。

1. 図を見て、疑問を出しましょう。

1) 彼女たち 2 人はどんな関係でしょうか？　母娘関係・親戚関係……。
2) 彼女たちは何をしていますか？　食事・会話……。
3) 彼女たちはどこにいるでしょうか？レストラン・家の中……。
4) この図からどんな印象を受けますか？　温かい・感動・楽しい……。

2. 上のような疑問を整理して、想像をめぐらせ、出来事の起こる順番と過程を組み立て、1 つのストーリーとして展開して短い文章を書きましょう。

在一家装修得干净整洁的餐厅里，妈妈带着两岁的女儿坐在餐桌前吃饭。女儿不会用筷子，直接用手拿饭往嘴里送。看着女儿吃饭的样子，妈妈觉得很有趣，开心地笑了。这是一幅多么温馨和令人感动的画面啊!
（あるきちんと清潔に内装されたレストランで、母親が 2 歳の娘を連れてテーブルについて食事をしている。娘は箸が使えず、手で直接ご飯をつかんで口に運んでいる。娘の食事の様子を見て、母親は面白いと思

い、楽しそうに笑っている。これは何と温かく人の心を動かす場面だろうか！）

✦ヒントと参考解答訳：

1. 図を見て、疑問を出しましょう。
   1) これはどんなマークですか？　車の運転を覚えたばかりの人が使うマーク。
   2) どんな場所でこのようなマークを見かけますか？　車のリアガラスや車体の後ろ。
   3) それにはどんな意味がありますか？「新人ドライバーが路上に出ているので、ご理解・ご容赦をお願いします」。
   4) あなたはこれを見てどう思いますか？　「この車から少し離れよう、ちょっと遅いのは理解しよう」。
2. 上のような疑問を整理して、想像をめぐらせ、出来事の起こる順番と過程を組み立て、1つのストーリーとして展開して短い文章を書きましょう。

　　你在路上开车的时候，有没有看到过前边车上贴着一个“实习”标志？你知道它包含的意义吗？它代表着：对不起，我开车还不熟练，请不要按喇叭催我！请离我远一点儿！原谅我吧，我不是故意的！你能理解这些初学者的心情吗？相信你可以，毕竟我们也曾经是初学者。（あなたは路上で運転しているとき、前の車に「実習」のマークが貼られているのを見たことがあるだろうか？　この意味を知っているだろうか？それはこんな意味だ。「すみません、私は運転にまだ不慣れなので、私にクラクションを鳴らして急かさないでください！　少し私から離れてください！　勘弁してください、私はわざとやっているのではないのです！」あなたはこんな初心者の気持ちが分かりますか？　きっと分かるでしょう、結局のところ誰だって昔は初心者だったのですから）

新出単語

无理取闹	wúlǐ-qǔnào		理由なく悶着を起こす、わざと挑発的なことをする
公正	gōngzhèng	（形）	公正である
廉洁	liánjié	（形）	廉潔である、公益を損なって私腹を肥やすことをしない
领导	lǐngdǎo	（名）	指導者
居然	jūrán	（副）	意外にも、なんと
体谅	tǐliàng	（動）	思いやる、同情する
难处	nánchù	（名）	難しいところ、困ったこと
成熟	chéngshú	（形）	事や時機が熟する、完全な程度に達する
温馨	wēnxīn	（形）	暖かい、温かい
装修	zhuāngxiū	（動）	（窓・水道・塗装など家屋の）付帯工事をする、改修をする
画面	huàmiàn	（名）	画面
玻璃	bōli	（名）	ガラス
含义	hányì	（名）	（字句の中に）含まれている意味
新手	xīnshǒu	（名）	新米、初心者
包涵	bāohán	（動）	大目に見る、勘弁する
实习	shíxí	（動）	実習する
喇叭	lǎba	（名）	ラッパ、ラッパ状の拡声器、（自動車）クラクション
催	cuī	（動）	促す、促進する
毕竟	bìjìng	（副）	結局、つまり、さすがに

復習と練習

1 选择填空。

啊 吧 呢 反正 渐渐 到底 简直 大概 恐怕 难道

1. 你明天不会不来（　　）？
2. 这座楼真高（　　）！
3. 我想吃西红柿炒鸡蛋，你（　　）？
4. 你（　　）是怎么想的，快点儿说吧。
5. 雨（　　）停了，天也（　　）亮起来了。
6. （　　）还有很多时间，我们可以慢慢走过去。
7. 今天干了太多活儿，我已经累得（　　）要站不起来了。
8. 他昨天晚上（　　）八九点钟才回来。
9. 开会时间已经改到下周了，（　　）你不知道吗?
10. 从出门就一直堵车，（　　）要迟到了。

参考解答と訳：

1 ふさわしい単語を選んで空欄を埋めましょう。

1. 你明天不会不来（吧）？（あなたは明日来ないはずがないでしょう？）
2. 这座楼真高（啊）！（このビルは本当に高いね！）
3. 我想吃西红柿炒鸡蛋，你（呢）？（私はトマトの卵炒めが食べたい、あなたは？）
4. 你（到底）是怎么想的，快点儿说吧。（あなたはいったいどう考えているの、早く言ってよ）
5. 雨（渐渐）停了，天也（渐渐）亮起来了。（雨はしだいに止み、空もしだいに明るくなってきた）
6. （反正）还有很多时间，我们可以慢慢走过去。（どのみちまだたっぷり時間がある、私たちはゆっくり歩いて行ってもいいでしょう）
7. 今天干了太多活儿，我已经累得（简直）要站不起来了。（今日はあまりにたくさん仕事をして、私はもうまるで立ち上がれなくなりそうなほど疲れている）
8. 他昨天晚上（大概）八九点钟才回来。（彼は昨日の夜８時か９時ごろにやっと帰って来た）
9. 开会时间已经改到下周了，（难道）你不知道吗?（会議の日はもう来週に変わったよ、まさかあなたは知らないの？）
10. 从出门就一直堵车，（恐怕）要迟到了。（家を出てからずっと渋滞で、おそらく遅刻するだろう）

② 改错句。

1. 他一直一个人生活，真不容易吧!

2. 难道你不相信我呢?

3. 他的汉字写得可漂亮!

4. 你到底来不来，快决定呢。

5. 虽然你说的是对的，却他根本没听进去。

6. 听说他女儿考上重点大学了，难得他最近这么高兴。

7. 走路十几分钟就到了，何苦坐车呢?

8. 你们是不是明天就回国了吧?

9. 秋天来了，天气逐步变冷了。

10. 你今天是走路来的还是坐车来的吗?

参考解答と訳：

② 間違った文を直しましょう。

1. 他一直一个人生活，真不容易啊!（彼はずっと1人で生きてきた、本当に大したものだよ！）
2. 难道你不相信我吗?（まさかあなたは私を信じないの？）
3. 他的汉字写得可漂亮了!（彼の漢字はとてもきれいに書けているよ！）
4. 你到底来不来，快决定吧。（あなたはいったい来るの来ないの、早く決めてよ）
5. 虽然你说的是对的，但他却根本没听进去。（あなたの言うことは正しいけれど、彼は全く聞き入れなかった）
6. 听说他女儿考上重点大学了，难怪他最近这么高兴。（彼の娘は重点大学に合格したそうだ、どうりで彼は最近こんなにうれしそうだ）
7. 走路十几分钟就到了，何必坐车呢?（歩いて十数分ですぐ着くのに、どうして車に乗る必要があるだろうか？）
8. 你们是不是明天就回国了?（あなた方は明日には帰国するのですか？）
9. 秋天来了，天气渐渐（逐渐）变冷了。（秋が来て、天気はしだいに寒くなった）
10. 你今天是走路来的还是坐车来的?（あなたは今日歩いてきたの、それとも車に乗って来たの？）

③ 请结合这张图片写一篇 80 字左右的短文。

1. 看图，提出问题，并列举可能的答案。

如：

1）这个标志是什么意思？小心地滑。

2）______

3）______

4）______

2. 整理以上问题，进行想象，安排事情发展的顺序和过程，扩展成完整的一件事，书写短文。

✦ヒントと参考解答訳：

③ 図に合わせて、80 字程度の短い文章を書きましょう。

1. 図を見て、疑問を出し、考えられる答えを書きましょう。

例：

1) このマークはどんな意味ですか？「滑りやすいのでご注意ください」

2) このマークにはどんなはたらきがありますか？　地面の安全に注意するよう人に促すこと。

3) 一般的にどこでこのマークを目にしますか？　レストラン・ホテル……。

4) このマークを見てあなたはどうしますか？　少しゆっくり歩く・よく道を見る……。

2. 上のような疑問を整理して、想像をめぐらせ、出来事の起こる順番と過程を組み立て、1 つのストーリーとして展開して短い文章を書きましょう。

上面这个标志，你在中国的餐厅、宾馆等地方应该都看到过吧？这是一个温馨的提示，它告诉经过的人们：这里路面有些湿滑，要注意安全。那么，你看到这个标志的第一反应是什么呢？是不是要放慢速度，低头看一看脚下呢？（上のこのマークは、あなたはきっと中国のレストラン・ホテルなどの場所でどこでも見かけたことがあるだろう？これは親切な注意で、通行人にこう告げている。「この道は少し濡れていて滑るので、安全に気をつけてください」では、あなたはこのマークを見てまずどう反応するだろうか？　歩く速さをゆっくりにし、頭を下げてちょっと足元を見るだろうか？)

第一週 月火水木金末
第二週 月火水木金末
第三週 月火水木金末

水曜日

複文（一）介詞（一）

「複文」とは、2つまたはそれ以上の、意味的な関係のある単文で構成される文です。複文の中の単文は独立した単文に似ていますが、完全なイントネーションを持ちません。複文の中のそれぞれの単文の間にはやや短い休止があり、コンマ（,）・セミコロン（；）・コロン（：）を用います。複文全体の文末にはそれより大きな語気のある休止があり、文全体で統一されたイントネーションを持ち、文末の記号は句点（。）・疑問符（？）・感嘆符（！）を用います。複文の中の単文は構造のうえで独立したもので、1つの単文はもう1つの単文の成分となることはできません。下の例を見て、どれが独立した単文で、どれが複文か分かるでしょうか？

他不但知道，还知道得很清楚。(複文)
他清楚地知道我和妈妈是坐船来的。(単文)
我看到树上盛开的花朵、从枝头飞过的小鸟和蓝天上白色的云朵。(単文)

複文の中の単文どうしの論理関係は、一般的に関係詞によって表されます。関係詞は多くが接続詞で、少数の副詞もあります。複文の中の単文どうしの関係によって、複文は10種類のタイプに分かれます。今日は、並列・漸進・接続・選択の4種類の関係の複文を学びます。

今日の単語の部分では、中国語でよく用いられる介詞を見てみましょう。

■要点のまとめ：
並列の複文／漸進の複文／接続の複文／選択の複文／介詞の用法とまとめ

一、複文

（一）並列の複文

並列関係の複文では、それぞれの単文どうしの文法関係は対等で、意味的には並列になります。

❶ 一边……，一边……：**2つの具体的な動作をつなぎます。形容詞をつなぐことはできません。**

例：我们一边走，一边聊天。
她一边看电视，一边洗衣服。

❷ 一方面……，一方面……：**2つの関わりのあるものごとや、同じものごとの2つの面をつなぎます。**

例：我来中国一方面是学习汉语，一方面是想了解中国文化。
他一方面照顾孩子，一方面照顾老人，很辛苦。

❸ 既……，又……：**2つの性質や状況が同時に存在することを表し、語気としては多くの場合後者を強調します。**

例：绿色植物既能美化环境，又能帮助净化空气。
她既是我的姐姐，又是我的好朋友。

❹ 又……，又……：**主語を同じくする文で用いることが多く、2つの性質や状況が同時に存在し、しかも重要性が同等なことを表します。**

例：她又会说汉语，又会说英语。
联欢会上，孩子们又是唱歌，又是跳舞，高兴极了。

❺ 有时……，有时……：**ある場合には1つの状態や動作が現れ、別の場合には別の状態や動作が現れることを示します。**

例：他有时很听话，有时又很淘气。
鸟儿们有时在天空中展翅高飞，有时在树枝上婉转啼叫。

❻ 一会儿……，一会儿……：**2つの状況が交互に現れることを示します。**

例：他一会儿上网，一会儿玩游戏，总是不能专心学习。

你一会儿说去，一会儿又说不去，到底去不去啊？

❼ 不是……，而是……：**前の状況を否定し、後の状況を肯定します。**

例：学习的目的不是为了取得高分，而是为了学到更多知识，懂得更多道理，为社会做出贡献。

不是我不想帮你，而是这件事实在超出我的能力。

（二）漸進関係の複文

漸進関係の複文では、後の単文の意味が前の単文の意味より強まります。

❶ 不但（不仅、不光、不只）……，而且（也、还）……：**意味がさらに強まることを表します。主語の位置に注意が必要です。**

例：她不但会说中文，而且说得很流利。（主語は同じで、関係詞の前にある）

不但我信任他，而且以前反对他的人也信任他了。（主語は異なり、関係詞の後にある）

❷ 不但……，连……都（也）……：**暗に比較を行い、ある面の状況をより強調します。**

例：这道题不但学生不会做，连老师也研究了很久才做出来。（テーマが難しいことを強調）

他不但花光了上个月的钱，连这个月的也已经花光了。（出費が多いことを強調）

❸ ……，何况……呢？：**反語を用いて、程度がさらに進むことを表します。**

例：天气这么冷，大人都受不了，何况孩子呢？

家里这点儿小事都处理不了，何况公司里那么大的事呢？

❹ ……，甚至……：**ある目立った例を用いて、自分の観点をさらに説明します。**

例：他最近特别忙，经常加班加点，有时甚至加班到夜里 12 点多。

❺ 不但不（没）……，反而（反倒）……：**後の単文で正常な状況とは違う内容を述べ、「意外だ、そうあるべきではない」という意味を表します。**

例：春天到了，天气不但不暖和，反倒更冷了。

前面是红灯，他不但没停车，反而冲了过去。

（三）接続関係の複文

接続関係の複文では、それぞれの単文が時間・空間・論理的な順序により、連続した動作やまとまったものごとを描写します。各単文の間には前後につながる関係があります。

❶ 先……，然后（又、再）……：**後の単文で“再”を用いると、ものごとがまだ起こっていないことを表し、“又”を用いると、ものごとがすでに起こったことを表します。**

例：我们先把作业做完，再去看电影吧。
这次旅行，我们先去了上海，然后又去了苏州和无锡。
我上午先去超市买了些吃的，又去图书馆借了几本书。

❷ 起初……，后来……：**過去の動作状況を描写する場合にしか使えません。**

例：起初他不相信那是真的，后来在事实面前不得不相信了。

❸ ……，于是……：**後のものごとが前のものごとの直後に起こり、両者には因果関係があります。**

例：人越来越多，于是我们就去别的地方游览了。

❹ 刚（一）……，便（就）……：**前後の 2 つの動作の連続が緊密なことを表します。**

例：她刚下飞机，便给妈妈打电话。
他一回家，就倒在床上睡着了。

（四）選択関係の複文

選択関係の複文は、それぞれの単文で複数の状況を説明し、相手にその中から選択させます。

❶ 或者……，或者……：**陳述文にのみ用いることができます。**

例：或者明天去，或者后天去，都可以。
周末最轻松，或者找朋友聊天，或者逛街购物。

❷ 是……，还是……：**一般的に疑問文に用います。**

例：你是上午出发，还是下午出发？
我们是坐车过去，还是走过去？

❸ 不是……，就是……：**この2つの状況しかなく、他にはないことを表します。**
例：他很忙，不是在工地检查工作，就是在会议室开会。
这个电话不是找老王的，就是找小李的，就他俩电话多。

❹ 要么……，要么……：**二者択一を表し、提案をしたり、相手に選択させたりする場合によく用います。**
例：要么你去，要么我去，反正得有人去。
我们要么坐公交车去，要么打车去，走路去太远了。

❺ 宁可（宁愿、宁肯）A……，也不B：**AとBを比較し、Aは良くないが、Bはさらに悪く、やはりAを選ぶことを表します。**
例：我宁愿走路，也不坐你开的车。
他这个人很虚伪，我宁可一个人受累，也不要他的帮助。

❻ 与其A……，不如B……：**AとBを比較し、Bの方がより望ましいのでBを選ぶことを表します。**
例：天气这么好，与其在屋里看电视，不如出去走走。
与其直接把答案告诉你，不如告诉你解题的思路。

二、介詞

介詞は副詞と同様に、HSK5級試験の重要項目です。今日から、一緒に介詞を見ていきます。まず、介詞の種類と主な用法をざっと学んでから、一部の常用される介詞の用法とその区別のしかたをまとめましょう。

介詞は主に名詞・代名詞・名詞的フレーズの前に置いて介詞フレーズを作り、動詞や形容詞を修飾します。よく用いられる介詞には以下のものがあります。

❶ **時間を導くもの：**从、自、由、打、自从、在、于、当、离、距
❷ **場所を導くもの：**从、自、由、打、在、于、离、距
❸ **方向を導くもの：**朝、向、往、沿着、顺着
❹ **対象を導くもの：**和、跟、同、与、把、将、被、让、叫、对、对于、关于、给、

为、替、朝、向、比、就、连、除了、除

❺ よりどころ・根拠を導くもの：按、按照、依照、依、照、据、根据、以、凭、由、拿、趁

❻ 原因・目的を導くもの：为了、为、由、以

（一）介詞の用法と位置

❶ 介詞は一般的に単独で用いず、後に来る名詞・代名詞・名詞的フレーズとともに介詞フレーズを作ります。

例：他从日本坐飞机来我们这里。

❷ 介詞フレーズには一般的に 3 つの用法があります。

1) 連体修飾語となり、名詞や名詞的フレーズを修飾し、間に“的”を加える必要があります。

例：民间流传着许多关于狐狸的故事。

2) 連用修飾語となり、一般的に述語の前に置きます。“根据、随着、关于、至于、自从、当”などを用いた介詞構造のフレーズは通常、主語の前に置きます。

例：他对烹饪一点儿都不感兴趣。

随着生活水平的提高，人们越来越重视对孩子的教育。

3) 補語となり、一般的に述語の後に置きます。このような例は少なく、主に“于、向、往、自、在”などを用いた介詞構造の介詞フレーズとなります。

例：我毕业于北京大学。

作文的字数不能少于 800 字。

❸ 介詞フレーズは一般的に独立して用いることができません。ただし、会話の中では、単独で質問に答えることもできます。

例：——下午在哪儿开会？——在大会议室。

——这篇文章是关于什么的？——关于怎样改进工作流程。

❹ 介詞の後には“了、着、过”などの動態助詞をともなうことができません。“朝着、随着、沿着、为了、除了”などの語中の“着、了”は動態助詞ではなく、これらの語自身の構成成分です。

(二) 介詞のまとめ

❶ 从、自、由、打

1) いずれも動作の始まる時や場所を導きます。

例：我们今天下午从（自、由、打）一点开始上课。

从（自、由、打）这儿往南，再走大约 300 米就到了。

2) “自”は一般的に、やや書き言葉的な表現で用います。

例：自那时候起，他们就再也没见过面。

自凌晨五时起，该地区封闭禁行。

列车自东向西行驶。

“自”が作る介詞フレーズは、動詞の後に置いて補語とすることができます。

例：同学们来自五湖四海。

这个成语出自《论语》。

3) “打”は一般的に、やや口語的な表現で用います。

例：你这是打哪儿来啊?

打明天起，你就不用来上班了。

4) “由”は動作者を導くために用いることができます。

例：这项工作由他负责。

“由”は原因を導くために用いることもできます。

例：他的肺炎是由感冒引起的。

❷ 对、跟、给

1) いずれも動作の対象を導くことができ、入れ替え可能な場合もあります。

例：他给（跟、对）大家解释了这么做的原因。

这是你的错，你给（跟、对）他道歉吧。

2) “对”は動作の対象を導くことに用い、態度を強調します。

例：同学们对我很热情。

我们都对这本书很感兴趣。

一部の固定的な組み合わせ：

例：对……热情（满意、冷淡）、对……充满信心、对……说（笑、喊、嚷）、对……感兴趣、对……有帮助（好处）

3) “跟”は、一般的に共に動作を完了する人を導きます。

例：他不想跟我见面。

这件事需要跟大家商量商量。

一部の固定的な組み合わせ：

例：跟……比、跟……商量、跟……结婚、跟……争吵、

跟……有（没有）关系

“跟”はさらに“从……那里、向”の意味も表します。

例：我跟你打听一件事。

这本书你是跟谁借的?

到底是怎么一回事，你快跟大家说说。

4) “给”は送る、渡すなどの動作の受け手を導くことができます。

例：家里给我寄了一个包裹。

请你把这份阅读材料发给同学们。

動作の受益者や被害者を導きます。

例：医生正在给病人看病。（受益者）

你怎么把屋子给我弄得乱七八糟的?（被害者）

“朝、向、对”を表します。

例：同学们给老师行礼。

妈妈给宝宝讲故事。

“给”は命令文にも用いることができ、命令の語気を強めます。

例：你给我走，我不想见到你!

“给”はさらに“把”構文や“被”構文にも用いることができ、動詞の前に置いて強調を表し、省略が可能です。

例：他把我的电脑给弄坏了。

我的书被朋友给借走了。

❸ 对、朝、向、往

1) “对、朝、向”は動作の対象を導くことができ、入れ替え可能な場合もありますが、違いもあります。

例：他对（朝、向）我挥了挥手。

“对”は「人やものごとに対応する」意味を表し、“朝、向”にはこの意味はありません。

例：他对我非常热情。

“朝”は一般的に体に関係する動作の前にしか用いません。

例：他朝（对、向）我点了点头。

“向”の後には抽象的な動詞を用いることができ、“向……说明(解释、介绍、表示)”などの組み合わせを作ります。

例：我向大家表示感谢。

毕业了，同学们向老师告别。

2) “朝、向、往”はいずれも動作の方向を導くことができます。

例：火车朝（向、往）北京开去。

他朝（向、往）窗外看了看。

“向、往”はいずれも動詞の後に置くことができますが、“朝”はできません。

例：走向……、奔向……、冲向……、飞向……、流向……

开往……、飞往……、通往……、送往……、驶往……

“向”の後には具体的な場所詞を置くことができ、抽象名詞も用いることができます。

例：这条小路是通向果园的。

迈开大步，奔向未来。

“往”の後には一般的に具体的な場所詞が続きます。

例：新疆的哈密瓜源源不断地运往全国各地。

332 路公共汽车是开往动物园的。

❹ “对、对于”

この2つの語はいずれも人・ものごと・行為の間の対応関係を表すことができます。“对于”は“对”と入れ替えできますが、“对”は“对于”と入れ替えることができません。

1) ものごとを表す名詞や名詞フレーズの前では、“对”も“对于”も用いることができます。人と人の関係を表す場合は、“对”しか用いることができません。

例：对（对于）这起交通事故，一定要进行详细的调查。

到了晚年，他对（对于）时间抓得更紧了。

他对孩子要求很严格。（“对于”は使えない）

2) “对于”は文頭か主語の後にしか置けず、“对”は文頭や主語の後のほか、能願動詞や副詞の後に置くこともできます。

例：对（对于）这件事，我们会做出安排的。

我们对（对于）这件事会做出安排的。

我们会对这件事做出安排的。（“对于”は使えない）

我们都对这本书很感兴趣。（“对于”は使えない）

3)“对（对于）……来说”は、人やものごとの角度から見ることを表します。

例：对（对于）学外语来说，语言环境太重要了。

对（对于）我们来说，没有克服不了的困难。

❺ 对于、关于

1)“关于”は関連したり、影響が及ぶものごとを表し、客観的に伝えます。

例：关于这次旅行的具体安排，我们下周再通知大家。

“对于”は動作の対象や、あるものごとへの主語の態度を表し、主観による見方を強調します。

例：对于中国文化，我很感兴趣。

動作の対象、ものごとへの主語の態度の両方の意味がある場合、“对于、关于”は主語の前で入れ替え可能です。

例：关于（对于）这个问题，你们有什么看法?

2)“关于……”が連用修飾語となる場合、主語の前にしか置けません。“对于……”が連用修飾語となる場合は、主語の前後どちらにも置けます。

例：关于这座山，村子里有个美丽的传说。（×村子里关于这座山……）

对于历史研究，我很感兴趣。（＝我对于历史研究……）

❻ 关于、至于

1)“关于”を用いる文では1つの話題しかありませんが、“至于”を用いる文では、元の話題の他に別のもう1つの話題を導きます。

例：这只是我个人的想法，至于行不行，还得看大家的意见。

2)“至于”は動詞とすることもでき、ある程度まで発展することを表します。否定形の“不至于”や反語形の“至于……吗”をよく用い、状況がある段階まで発展することはない、ありえないことを表します。前に“才、还、总、也、该、倒”などの副詞を置くことが多く、後には通常望ましくない状況をともないます。

例：我只是有点儿感冒，还不至于住院。

你要是早去医院看看，至于病成这样吗？

❼ 在

1) "在"の後ろには場所・範囲・時間を表す語を置くことができます。

例：请不要在教室抽烟。　　　　　（場所）

这篇论文在某些方面还存在问题。（範囲）

飞机将在晚上 8 点起飞。　　　　（時間）

2) "在"は方位詞"上、下、中、里、内、外、前、后、中间、之中、之间、之前、之后"などとともに用いることができ、時間・場所・範囲・条件などを表します。

例：在他出差之前，我们还见了一面呢。（時間）

他在图书馆里看了一天书。（場所）

3) 人の出身、ものごとの発生、生産、居住の場所を表す場合、"在……"は動詞の後にも前にも置くことができます。

例：他出生在韩国。（＝他在韩国出生。）

万物都生长在阳光下。（＝万物都在阳光下生长。）

4) 動作の到達する場所を表す場合、つまり動詞が"扔、掉、打、照、沉浸、坐落"などのとき、"在……"は動詞の後にしか用いることができません。

例：你的钱掉在地上了。

他把衣服都扔在地上了。

5) 固定的な使い方：

"在……看来"：ある人の観点を表します。

例：在我看来，金钱和地位都不是最重要的东西。

"在……上（方面）"：主にある面や範囲を表します。

例：他在学习上很努力。

张老师在对外汉语教学研究方面很有成就。

"在……中"：環境・範囲・過程を表します。

例：我们要在困难中不断磨炼自己。（環境）

他在比赛中发挥失常，没能得到前三名。（過程）

"在……下"：条件・状況を表します。

例：在老师的指导下，他终于取得了第一名的好成绩。（条件）

在这么困难的情况下，你还能完成这项任务，真不容易。(情况)

実戦問題

1 完成句子。

1. 这个姑娘　而且　热情活泼　不仅
   聪明伶俐

2. 凉亭　乘凉的　是人们　又美观
   场所　既实用

3. 这里　电视节目　几十套　甚至
   能看到　上百套

4. 先　我们　然后　写完作业　再
   去听音乐会

5. 打了个电话　刚　下火车　他　便
   给女朋友

6. 在办公室　他　不是　在会议室
   就是

7. 这是　中国历史的　一本　关于　书

8. 2008 年　毕业　安娜　于
   北京语言大学

参考解答と訳：

1 **文を完成させましょう。**

1. **这个姑娘不仅聪明伶俐，而且热情活泼。/ 这个姑娘不仅热情活泼，而且聪明伶俐。**（この女の子は聡明で利口なだけでなく、情熱的で活発だ。／この女の子は情熱的で活発なだけでなく、聡明で利口だ）
2. **凉亭是人们乘凉的场所，既实用又美观。/ 凉亭既实用又美观，是人们乘凉的场所。**（あずまやは人々が涼む場所で、実用的なうえに美しい。／あずまやは実用的なうえに美しく、人々が涼む場所だ）
3. **这里能看到几十套甚至上百套电视节目。**（ここでは数十ひいては 100 以上のテレビ番組を見ることができる）
4. **我们先写完作业，然后再去听音乐会。**（私たちはまず宿題を書き終わって、それからコンサートを聴きに行った）
5. **他刚下火车，便给女朋友打了个电话。/ 刚下火车，他便给女朋友打了个电话。**（彼は列車を降りると、すぐにガールフレンドに電話をした。／列車を降りると、彼はすぐにガールフレンドに電話をした）
6. **他不是在办公室，就是在会议室。/ 他不是在会议室，就是在办公室。**（彼は事務所にいなければ、会議室にいる。／彼は会議室にいなければ、事務所にいる）
7. **这是一本关于中国历史的书。**（これは［1 冊の］中国の歴史に関する本だ）
8. **安娜 2008 年毕业于北京语言大学。**（アンナは 2008 年に北京語言大学を卒業した）

9. 这条公路　通往　一直　山区

10. 我们学校　在　郊区　环境优美的　坐落

2 请结合每张图片写一篇 80 字左右的短文。

9. 这条公路一直通往山区。(この道路はずっと山地まで通じている)

10. 我们学校坐落在环境优美的郊区。(私たちの学校は環境の美しい郊外地区に位置している)

✦ヒントと参考解答訳：

2 それぞれの図に合わせて、80 字程度の短い文章を書きましょう。

1. 図を見て、疑問を出しましょう。

1) 看板には何が書いてある？ 「水深危険　落下注意」
2) 看板はどこに立っている？ 湖のほとり、川辺、埠頭……。
3) 看板を立てる目的は？ 人の注意を促す、ここが危険だと注意する、水が深いことを知らせる……。
4) この看板を見た後、あなたはどうしますか？ 危険な場所から少し離れる、岸辺に近づきすぎないようにする……。

2. 上のような疑問を整理して、想像をめぐらせ、出来事の起こる順番と過程を組み立て、1 つのストーリーとして展開して短い文章を書きましょう。

上周末我和朋友们一起去郊区游玩。我们看到了美丽的青山绿水。在美丽的青龙湖畔，我们看到了这样一个牌子：“水深危险，小心落水。”我们想，这里是不是曾经有人掉下水了呢？不管怎么说，我们出去旅行的时候一定要注意安全，远离危险之地。

（先週末、私は友達と一緒に郊外に遊びに行った。私たちは青々として美しい山や水辺の風景を見た。きれいな青龍湖のほとりで、私たちはある看板を見た。「水深危険、落下注意」とあった。私たちは、ここは以前に人が水に落ちたことのある場所なのだろうか？と考えた。どうであれ、私たちは遊びに行くときには必ず安全に注意し、危険な場所に近づかないようにしなければならない）

✦ヒントと参考解答訳：

1. 図を見て、疑問を出しましょう。

1) 図には何がありますか？　いろいろな果物。リンゴ、ブドウ、バナナ、イチゴ……。

2) あなたはどう思いますか？　一口食べたい、手を伸ばして取りたい、美味しそう、よだれが出る……。

3) 果物を食べるとどんな良いことがありますか？　ビタミンを補う、水分を補う、美容に良い……。

4) あなたはどんな果物がいちばん好きですか？　モモ、スイカ、ドリアン……。

2. 上のような疑問を整理して、想像をめぐらせ、出来事の起こる順番と過程を組み立て、1つのストーリーとして展開して短い文章を書きましょう。

水果是我们日常生活中不可缺少的一种食物。吃水果可以补充维生素和水分，据说还可以美容养颜，而且水果的味道鲜美，价格也不贵，所以，我们为什么不多吃一点儿呢？我最喜欢吃水果了，对各种水果都是来者不

拒，包括味道奇特的榴莲。(果物は私たちの日常生活の中で欠かすことのできない食べ物だ。果物を食べるとビタミンや水分を補うことができ、聞くところによれば美顔にも良いらしく、しかも果物の味は美味しく、値段も高くないのだから、私たちはどうしてもっと食べないのだろうか？私は果物が大好物で、珍しい味のするドリアンも含めて、どんな果物も来る者は拒まずだ)

新出単語

伶俐	línglì	（形）	利口である
凉亭	liángtíng	（名）	あずまや、亭
乘凉	chéngliáng	（動）	涼む
美观	měiguān	（形）	美しい、きれいである
实用	shíyòng	（形）	実用的である
公路	gōnglù	（名）	自動車道路、（国家あるいは地方自治体が建設し管理する）道路
山区	shānqū	（名）	山地、山岳地帯
郊区	jiāoqū	（名）	近郊地区、郊外
坐落	zuòluò	（動）	（建築物が）位置する、～にある
落水	luòshuǐ	（動）	水に落ちる
码头	mǎtóu	（名）	埠頭、港
畔	pàn	（名）	（川や湖の）岸、ほとり
草莓	cǎoméi	（名）	イチゴ
补充	bǔchōng	（動）	補充する、補足する
维生素	wéishēngsù	（名）	ビタミン
美容	měiróng	（動）	（容貌を）美しくする
榴莲	liúlián	（名）	ドリアン
据说	jùshuō	（動）	（人の）言うところによれば、聞くところによれば
养颜	yǎngyán	（動）	顔の肌をきれいにする、美顔する
鲜美	xiānměi	（形）	味がよい、おいしい
来者不拒	láizhě-bújù		来る者は拒まず
奇特	qítè	（形）	珍しい

復習と練習

1 选择填空。

由 从 自 对 后来 然后
一边……一边…… 既……又……
与其……不如…… 宁可……也不……

1. 这些东西是（　　）哪儿弄来的?
2. （　　）去年以来，他一直专注于这项研究。
3. 这个问题（　　）他负责解决。
4. 店里的服务员（　　）顾客特别热情。
5. 第一次参加这样的活动，孩子们（　　）紧张（　　）兴奋。
6. 他（　　）唱着歌，（　　）修自行车。
7. 我（　　）今天辛苦一些，（　　）想把这件事留到明天再做。
8. （　　）说这是在批评他，（　　）说是在鼓励他。
9. 吃完晚饭之后，我们常先在校园里散一会儿步，（　　）回宿舍学习。
10. 开始他还给我写信，（　　）就一点儿消息也没有了。

参考解答と訳：

1 ふさわしい単語を選んで空欄を埋めましょう。

1. 这些东西是（从）哪儿弄来的?（こういうものはどこから持ってきたの？）
2. （自、从）去年以来，他一直专注于这项研究。（去年から、彼はずっとこの研究に没頭している）
3. 这个问题（由）他负责解决。（この問題は彼が解決を請け負っている）
4. 店里的服务员（对）顾客特别热情。（店のスタッフは客にとても親切だ）
5. 第一次参加这样的活动，孩子们（既）紧张（又）兴奋。（初めてこのような活動に参加して、子供たちは緊張のうえに興奮もしている）
6. 他（一边）唱着歌，（一边）修自行车。（彼は歌を歌いながら、自転車を修理している）
7. 我（宁可）今天辛苦一些，（也不）想把这件事留到明天再做。（私は今日少し苦労したとしても、このことを明日まで先延ばしにしてやりたくはない）
8. （与其）说这是在批评他，（不如）说是在鼓励他。（これは彼を批判しているというより、むしろ彼を励ましているのだ）
9. 吃完晚饭之后，我们常先在校园里散一会儿步，（然后）回宿舍学习。（夕食を食べ終わった後、私たちはいつもまずキャンパスを少し散歩し、それから宿舎に戻って勉強する）
10. 开始他还给我写信，（后来）就一点儿消息也没有了。（最初は彼はまだ私に手紙を書いてくれたが、後には何の便りもなくなった）

2 改错句。

1. 我现在住在的那家宾馆条件好极了。

2. 老师关于我的学习很关心。

3. 他在同学很有威信。

4. 他们热情地帮助了我，我非常感谢对他们。

5. 这个小山村跟城市很远。

6. 离我家到学校差不多有 10 公里的路程。

7. 我们应该多朝好的同学学习。

8. 第一次见面我就觉得他是个好人，以后证明我的感觉是对的。

9. 你是学这个专业的都不懂，况且我呢?

10. 我宁可把这本书看完，也不吃饭。

参考解答と訳：

2 間違った文を直しましょう。

1. 我现在住的那家宾馆条件好极了。(私が今泊まっているあのホテルの条件は最高によい)
2. 老师对我的学习很关心。(先生は私の勉強に気をくばっている)
3. 他在同学中很有威信。(彼はクラスメイトの中で信望がある)
4. 他们热情地帮助了我，我非常感谢他们。(彼らは親切に私を助けてくれ、私はとても彼らに感謝している)
5. 这个小山村离城市很远。(この小さな山村は街から遠い)
6. 从我家到学校差不多有 10 公里的路程。(私の家から学校までおよそ 10 キロの距離がある)
7. 我们应该多向好的同学学习。(私たちは優れたクラスメイトにもっと学ばなければならない)
8. 第一次见面我就觉得他是个好人，后来证明我的感觉是对的。(初めて会ったとき私はすぐに彼がよい人だと感じたが、後に私の感覚が正しいことが証明された)
9. 你是学这个专业的都不懂，何况我呢？(あなたはこの専攻を学んでいても分からないのだから、まして私はなおさらでしょう？)
10. 我宁可不吃饭，也要把这本书看完。(私はむしろ食事を抜いてでも、この本を読み終えなくてはならない)

[3] 请结合这张图片写一篇 80 字左右的短文。

1. 看图，提出问题，并列举可能的答案。如：

1) 图片上的人正在做什么？滑雪。

2) ______

3) ______

4) ______

2. 整理以上问题，进行想象，安排事情发展的顺序和过程，扩展成完整的一件事，书写短文。

✦ヒントと参考解答訳：

[3] 図に合わせて、80 字程度の短い文章を書きましょう。

1. 図を見て、疑問を出し、考えられる答えを書きましょう。

例：

1) 図の中の人は何をしているところですか？ スキー。

2) あなたはスキーをしたことがありますか？　あります・ありません……。

3) どこでスキーができるか知っていますか？　北の地方です……。

4) （スキーについて）あなたはどう思いますか？　楽しい・楽しくない・刺激的・興奮する・やってみたい……。

2. 上のような疑問を整理して、想像をめぐらせ、出来事の起こる順番と過程を組み立て、1 つのストーリーとして展開して短い文章を書きましょう。

　　上个星期六，我和朋友们一起到密云滑雪场滑雪。这是我第一次滑雪，心里既兴奋又紧张，看着那些滑雪高手自由自在地从高处飞驰而下，还有他们那潇洒自如的样子，我羡慕极了，什么时候我才能像他们那样啊？（先週の土曜日、私は友達と一緒に密雲スキー場にスキーに行った。これが私の最初のスキーで、心は興奮のうえに緊張もしていて、あのスキー名人たちが自由自在に高い場所から飛ぶように下りてくるのを見て、それに彼らのあのスマートで思いのままの様子に、私はたまらなく羨ましくなり、いつになったら私は彼らのようになれるだろうか？と思った）

木曜日

複文（二）介詞（二）

今日も、引き続き複文を勉強します。今日みなさんに紹介するのは、逆接・譲歩・条件の関係を表す複文です。一緒に見ていきましょう。

単語の部分では、前回に続いて一部の常用される介詞をまとめます。

■要点のまとめ：
逆接の複文／譲歩の複文／条件の複文／一部の介詞のまとめ

一、複文

（一）逆接の複文

逆接の関係を表す複文では、前後の２つの単文の意味が逆になります。

❶ 虽然……，但是（可是）……：**逆接の語気がかなり重く、前後の２つの単文の意味が明らかに逆になります。**

例：虽然失败了很多次，但是他并不灰心。
　　这篇课文虽然不长，可是生词不少。

❷ 虽然……，却……：**“却”は副詞で、逆接を表し、主語の後にしか置くことができません。**

例：虽然认识的时间不长，他们却像老朋友一样无话不说。
虽然是秋天了，天气却一点儿也不见凉快。

❸ ……，然而……：**逆接を表し、書き言葉に多く用いられます。**

例：实验失败了很多次，然而他并不灰心。
　　这本书的书名很吸引读者眼球，然而并没有什么实质内容。

❹ ……，而……则……：**書き言葉に多く用いられ、前後の二者が異なること**

を強調し、この構造では主語の位置に注意が必要です。

例：冬季北方寒冷干燥，而南方则温暖湿润。

西方人的性格偏向外向直爽，而东方人则偏向内敛温婉。

❺……，……反而（反倒）……：**前半である事実を述べ、後半で予想外の、通常でない状況を述べます。**“反而、反倒”**は副詞で、主語の後に用います。**

例：他年纪大了，身体反而更好了。

我让他走慢点儿，他反倒走得更快了。

❻……，不过（只是、就是）……：**逆接の語気がやや軽く、前後の単文で逆接が明確ではありません。**

例：他学习很认真，不过还要注意方法。

我很想去看电影，只是没有时间。

（二）譲歩の複文

譲歩の関係を表す複文では、前の単文である事実（真実あるいは仮定）を述べ、譲歩を行い、後の単文で相対・反対の立場から別の見方を提示します。

❶尽管……，但是（但、却）……：**ある事実を認めてから、逆接に転じます。**

例：尽管我很想答应他，现实却不允许我这么做。

尽管他不接受我的意见，但我还是要告诉他。

❷即使……，也……：**ある状況を仮定してから、自分の観点を述べます。**

例：即使你不答应，我也要去。

❸就是（哪怕）……，也……：**一般的に話し言葉で用いられます。**

例：就是（哪怕）遇到再大的困难，我们也要坚持下去。

（三）条件の複文

条件の関係を表す複文では、前の単文で条件を提示し、後の単文でその条件を満たした後の結果を説明します。

❶只有……，才……：**前の単文で提示する条件を満たさなければ、後の単文の結果が現れないことを表します。**

例：只有多听多说，才能学好汉语。

只有他答应了我的条件，我才能把这件事告诉他。

❷ 除非……，否则（要不然）……：**前の単文で必要条件を提示し、後の単文でその条件を満たさない場合の結果を説明します。**

例：除非你有真才实学，否则很难在社会竞争中立足。

除非你答应我的条件，要不然我什么也不告诉你。

❸ 只要……，就……：**前の単文で提示するのが十分条件であり、この条件を満たした場合、必ずある結果が現れます。**

例：只要我们有信心，就一定能克服困难。

只要明天不下雨，我就带你去动物园。

❹ 凡是……，都……：**その範囲内にありさえすれば、例外はないことを表します。**

例：凡是有道德的人，都懂得保护环境。

凡是老师上课讲的内容，都是考试范围内的。

❺ 不管（无论）……，都……：**いかなる条件下でも同様の結果が現れることを表します。前の単文は一般的に疑問文の形であらゆる状況を含むことを示し、後の単文は必ず現れる結果を説明します。**

例：不管每天工作有多累，他都坚持锻炼身体。

无论你是谁，都不能违反法律。

二、介詞

❶ 于

“于”は一般的に書き言葉の表現で用います。

1) 時間を表し、“在”に相当し、動詞の前と後で用いることができます。

例：中华人民共和国成立于 1949 年。

他将于 9 月 8 日离开上海。

2) 対象を表し、“对”に相当し、動詞の前と後で用いることができます。

例：跑步有利于健康。

跑步于健康有利。

环保于社会、于个人都有好处。

3) 場所・出所を表し、一般的に動詞の後に置きます。

例：王芳 1998 年毕业于北京大学。

这部电影取材于一个真实的故事。

4) 比較を表し、“比、跟”に相当し、動詞・形容詞の後に用います。

例：有的人的死重于泰山，有的人的死轻于鸿毛。

这个塔相当于十层楼那么高。

5) 方向（やや抽象的な）・目標を表し、一般的に動詞の後に置きます。

例：他从十五岁起就献身于革命。

她一直致力于医学研究。

❷ 为、为了、以

1) この3つの語はいずれも目的を表すことができ、“为、为了”は一般的に文頭や主語の後に置かれて連用修飾語となります。

例：为（为了）学好汉语，他想了不少办法。

他为（为了）研究方言，多次深入边远山区做田野调查。

2) “以”は目的を表す場合、接続詞であり、2つの動詞フレーズや単文の間に置き、一般的に書き言葉に用います。

例：我们要节约开支，以降低生产成本。

3) “为”は“给、替”の意味を表すこともできます。

例：他每星期都为报社写一篇文章。（给）

我在这儿很好，不用为我担心。（替）

“为”は原因を表すこともできます。

例：我们都为这个好消息高兴。

4) “为……而……”は原因・目的を表します。

例：年轻的父母为有了孩子而开心。（原因）

他们在为美好的未来而努力学习。（目的）

“为了……而……”は目的を表し、“而”の前後は意味が反対の動詞や動詞フレーズとなります。

例：我们为了享受日后成功的喜悦而忍受今日失败的痛苦。

5) “以”は介詞として原因を表すことができ、“因为、由于”〔……の理由で〕

の意味があります。

例：桂林以秀丽的山水而闻名天下。

“以”には“用、凭借”〔拠りどころとする〕の意味もあります。

例：以他的实力，通过考试不成问题。

“以”には“根据、按照”〔ある基準に基づく〕の意味もあります。

例：他总以最高的标准来要求自己。

“以……为……”の意味は、“把……当作……、认为……是……”〔……を……とみなす〕となります。

例：我们要以他为榜样，做一个对社会有用的人。

北宋以东京（今河南开封）为都城。

❸ 根据、据、按照、按

1) “根据”は介詞として、あるものごとや動作を前提・基礎とすることを表します。

例：根据大家的意见，我们修改了原来的计划。

根据我们的了解，他与此事无关。

“根据”は名詞とすることもでき、話・行為・結論などの基礎や原因を表します。

例：我这样说是有根据的。

“根据”は動詞とすることもでき、あるものごとを拠りどころとすることを表します。

例：教育学生应该根据因材施教的原则。

2) “据”は介詞として、“根据”の介詞的用法と基本的に同様ですが、やや違いがあります。

“据”は単音節の名詞や“说、报、闻、传”などの語と組み合わせることができますが、“根据”はできません。

例：据实报告（= 根据事实报告）

据说他要走了（× 根据说……）

“据”の後には“某人说、某人看来”のような構造を続けることができますが、“根据”を用いた場合は、こういった構造は名詞的フレーズに変える必要があります。

例：据他说，这次考试很容易。（= 根据他的说法，……）

据我看来，这件事还需要进一步调查。(= 根据我的看法，……)

3) “按照”は介詞として、ある基準に基づくことを表し、“按”を用いることもできます。

例：按（按照）规定，我们得 8 点前到学校。

後ろが単音節の名詞の場合、“按”を用いる必要があり、“按照”は用いません。“按”の後ろには“着”を置くこともできます。

例：按时完成 (× 按照时完成)

按着我说的做。

❹ 凭、靠

1) この２つの語はいずれも動作・行為の基づくところ、拠りどころを表し、後には“着”を加えることができます。“凭”はそれ自身の条件をより強調しますが、“靠”の条件には制限がなく、それ自身でも、他人のものでもかまいません。

例：他凭（靠）自己的实力，找到了一份好工作。

靠父母的资助，他去往英国留学。

2) “凭”には“依据”〔ある資格に基づく〕の意味もあります。

例：看电影要凭票入场。

3) “靠”は動詞となることもでき、“倚、接近”〔よりかかる、近づく〕の意味があります。

例：他靠在椅子上睡了一觉。

小船慢慢靠近了岸边。

実戦問題

1 完成句子。

1. 虽然　读起来　这个故事　很短
   却很有意思

2. 我身上　天气虽然　但　很冷
   还在出汗呢

3. 只有　才能　把这件事　同心协力
   办好

4. 否则　除非　你现在　肯定
   要迟到了　就出发

5. 他　今天　平时沉默寡言　却
   滔滔不绝地说起来

6. 你说错了　即使　也　不要紧

7. 多大的障碍　我都会　不管　遇到
   坚持下去的

8. 根据　原来的　老师的建议　计划
   我们修改了

参考解答と訳：

1 文を完成させましょう。

1. 这个故事虽然很短，读起来却很有意思。（この物語は短いが、読んでみると面白い）
2. 天气虽然很冷，但我身上还在出汗呢。（天気は寒いけれど、私は体にまだ汗をかいているよ）
3. 只有同心协力，才能把这件事办好。（心を合わせて協力してこそ、このことを成し遂げることができる）
4. 除非你现在就出发，否则肯定要迟到了。（あなたは今出発するのでなければ、きっと遅刻するだろう）
5. 他平时沉默寡言，今天却滔滔不绝地说起来。（彼はふだん寡黙で口数が少ないが、今日は滔々と話しだした）
6. 即使你说错了，也不要紧。（あなたはたとえ言い間違ったとしても、気にしないでください）
7. 不管遇到多大的障碍，我都会坚持下去的。（大きな障害に出会おうと、私はきっと頑張り抜きます）
8. 根据老师的建议，我们修改了原来的计划。（先生の提案によって、私たちはもとの計画を修正した）
9. 他凭着自己的努力，获得了奖学金。/ 凭着自己的努力，他获得了奖学金。（彼は自らの努力によって、奨学金を得た。／自らの努力によって、彼は奨学金を得た）
10. 年迈的父母为孩子的成功而激动。（年老いた父母は子供の成功に感動した）

9. 凭着　他　自己的　获得了　奖学金　努力

10. 成功　而激动　年迈的父母　为　孩子的

② 请结合每张图片写一篇 80 字左右的短文。

禁止带火种

✦ヒントと参考解答訳：

② それぞれの図に合わせて、80 字程度の短い文章を書きましょう。

1. 図を見て、疑問を出しましょう。
   1) この警告マークに書かれているのは何ですか？　「火種持ち込み禁止」
   2)「火種」とは何ですか？　どんなものが「火種」にできますか？　「火種」とはライターやマッチなど、火を点けることができるもの。
   3) この警告マークは一般的にどこにありますか？　山、森林、草原、公園……。
   4) この警告マークを置く目的は何ですか？　人々に注意を促し、ここには火種を持ち込むことができないこと、火災が発生しやすいことを知らせる……。
   5) この警告マークを見て、あなたはどうしますか？　決まりを守り、警告マークのとおり、持っているライターなどの品物を捨てる……。
2. 上のような疑問を整理して、想像をめぐらせ、出来事の起こる順番と過程を組み立て、1 つのストーリーとして展開して短い文章を書きましょう。

冬天到了。北京的冬天很干燥，很容易发生火灾，所以我们在山上、树木较多的公园都会看到“禁止带火种”的警示牌，它提醒游客不要带火种入内，以免发生意外，引发火灾。我们去这些地方游玩时也要注意，不要带打火机、火柴等物品，以免发生意外，危害大家的安全，造成不可估计的损失。（冬が来た。北京の冬は乾燥していて、火災が起こりやすいため、私たちは山や、樹木のやや多い公園ではどこでも「火気持ち込み禁止」の警告マークを目にし、それは観光客に火種を中に持ち込まないよう注意し、不意の事故が起こって、火災を引き起こさないようにしている。私たちもこういった場所に遊びに行くときには注意して、ライター・マッチなどの品物を身につけないようにし、不意の事故が起こって、人々の安全を損ない、計り知れない損失を招かないようにする必要がある）

✦ヒントと参考解答訳：

1. 図を見て、疑問を出しましょう。

    1) 彼女は何をしていますか？　ジョギング・スポーツ・人を追いかけている……。

    2) 彼女はどこにいると考えられますか？　公園・道路・野原……。

    3) 今はどんな時期だと考えられますか？　春・夏・秋・早朝・夕方……。

    4) 彼女が着ているものはどうですか？　短いタンクトップ・ショートパンツ・スポーツシューズ……。

    5) （この図を見て）あなたはどう思いますか？　彼女はスタイルがよい・私もスポーツしに行きたい・スポーツ

にはメリットが多い……。

2. 上のような疑問を整理して、想像をめぐらせ、出来事の起こる順番と過程を組み立て、1つのストーリーとして展開して短い文章を書きましょう。

一个秋天的早晨，公园里的步行道上远远跑来一个姑娘。只见她身穿短衣短裤，脚穿运动鞋，她的这身打扮再加上苗条健美的身材，一下子吸引了路人的目光。怎么样？你也快来加入到晨跑的队伍里来吧，既可以呼吸新鲜空气，又可以锻炼身体，何乐而不为呢？（ある秋の早朝、公園の歩道の遠くから1人の若い女性が走って来る。彼女が短いタンクトップとショートパンツを身につけ、足にはスポーツシューズを履いているのを見ただけで、彼女のその身なりに加えてすらりと健康で美しい体に、すぐに道行く人の視線が引きつけられる。どうだろうか？　あなたもはやく早朝ジョギングの仲間に入ろう、新鮮な空気が吸えるだけでなく、体も鍛えることができ、どうして喜んでそうしないことがあるだろうか？）

第一週 月 火 水 木 金 末
第二週 月 火 水 木 金 末
第三週 月 火 水 木 金 末

新出単語

同心协力	tóngxīn-xiélì		心を合わせて協力する
沉默寡言	chénmò-guǎyán		寡黙である、口数が少ない
滔滔不绝	tāotāo-bùjué		絶え間なく流れる、滔々と述べ立てる
障碍	zhàng'ài	（名）	障害
修改	xiūgǎi	（動）	（文章や計画などを）改正する、改訂する
奖学金	jiǎngxuéjīn	（名）	奨学金
年迈	niánmài	（形）	年を取っている、高齢である
警示	jǐngshì	（動）	警告の掲示やマーク、警告する
火种	huǒzhǒng	（名）	火種
火灾	huǒzāi	（名）	火災
以免	yǐmiǎn	（連）	～をしないように
意外	yìwài	（名）	不意の事故、突発事件
损失	sǔnshī	（名）	損失
穿着	chuānzhuó	（名）	身なり
健美	jiànměi	（形）	健康で美しい
路人	lùrén	（名）	道行く人、赤の他人
何乐而不为	hé lè ér bù wéi		どうして喜んでしないことがあろうか、もちろん喜んでする

復習と練習

1 选择填空。

不过	反而	于	为了	根据	以
即使……也……	无论……都……	只要……就……	除非……否则……		

1. 明后两天的降雪会有利（　　）缓解近期的干旱情况。

2. 这人看着很面熟，（　　）我一时想不起来他的名字了。

3. 这件事不但没把他打倒，（　　）让他更加坚强起来。

4. 这里一年四季都很温暖，（　　）是冬天（　　）不冷。

5. 你（　　）细心体会、认真思索，（　　）能理解这段话的意思。

6. 这里的山民很喜欢唱歌，在这一带，（　　）你走到哪里，（　　）能听到他们的歌声。

7. （　　）你从现在起认真复习，（　　）这次考试就要不及格了。

8. （　　）练好汉语口语，他经常找中国朋友们聊天。

9. 2008年，他（　　）全市理科第一名的成绩考上了清华大学。

10. （　　）现有的材料，我们可以做出一些初步的判断。

参考解答と訳：

1 ふさわしい単語を選んで空欄を埋めましょう。

1. **明后两天的降雪会有利（于）缓解近期的干旱情况。**（明日と明後日の2日の積雪は最近の乾燥状態を緩和するのに役立つでしょう）

2. **这人看着很面熟，（不过）我一时想不起来他的名字了。**（この人は見たところ顔見知りのようだったが、私はすぐに彼の名前を思い出すことができなかった）

3. **这件事不但没把他打倒，（反而）让他更加坚强起来。**（この件は彼にショックを与えなかったばかりか、かえって彼をさらにねばり強くさせた）

4. **这里一年四季都很温暖，（即使）是冬天（也）不冷。**（ここは1年の四季にわたって温暖で、たとえ冬でも寒くない）

5. **你（只要）细心体会、认真思索，（就）能理解这段话的意思。**（あなたは注意深く感じ取り、真面目に考えさえすれば、すぐにこの話の意味が理解できる）

6. **这里的山民很喜欢唱歌，在这一带，（无论）你走到哪里，（都）能听到他们的歌声。**（この地の山岳民族は歌を歌うのが好きで、この一帯では、どこに行こうとも彼らの歌声を耳にすることができる）

7. **（除非）你从现在起认真复习，（否则）这次考试就要不及格了。**（あなたが今から真面目に復習しないかぎり、今回の試験は合格できなくなるだろう）

8. （为了）练好汉语口语，他经常找中国朋友们聊天。（中国語会話をよく練習するために、彼はいつも中国の友達を探しておしゃべりしている）

9. 2008 年，他（以）全市理科第一名的成绩考上了清华大学。（2008 年、彼は市全体の理系トップの成績で清華大学に合格した）

10. （根据）现有的材料，我们可以做出一些初步的判断。（現在のデータに基づいて、私たちはいくらかの初歩的な判断を下すことができる）

2 改错句。

1. 不管我很忙，他不帮我。

2. 只要抓紧时间，就你能完成任务。

3. 我不太了解这件事，但是随便说说。

4. 我对汉语语法有一些了解，没有系统地学习过。

5. 只有下水去实践，就能学会游泳。

6. 他不但没生气，也安慰我不要太担心。

7. 除非你告诉我原因，否则我就会帮你。

8. 即使你说再多，我就会答应。

9. 他都 30 岁了还不出去工作，凭父母生活。

10. 这项任务一定要按照期完成。

参考解答と訳：

2 間違った文を直しましょう。

1. 不管我多忙，他都不帮我。（私がどんなに忙しかろうが、彼は私を手伝ってくれない）

2. 只要抓紧时间，你就能完成任务。（時間を切り詰めさえすれば、あなたは任務を達成できる）

3. 我不太了解这件事，不过随便说说。/ 我不太了解这件事，只是随便说说。（私はこのことがよく分からないから、適当に言っているにすぎない。／私はこのことがよく分からないから、適当に言っているだけだ）

4. 我对汉语语法有一些了解，但是没有系统地学习过。（私は中国語の文法が少し分かるが、系統的に学んだことはない）

5. 只有下水去实践，才能学会游泳。（水に入ってやって実地にやってみてこそ、泳ぎをマスターできる）

③ 请结合这张图片写一篇 80 字左右的短文。

1. 看图，提出问题，并列举可能的答案。如：

1) 图片上的标志是什么意思？禁止右转弯。

2) ________________

3) ________________

4) ________________

6. 他不但没生气，还安慰我不要太担心。/ 他不但没生气，反而安慰我不要太担心。（彼は腹を立てなかったばかりか、あまり心配しないよう私を慰めてもくれた。／彼は腹を立てなかったばかりか、逆にあまり心配しないよう私を慰めてくれた）

7. 除非你告诉我原因，否则我不会帮你。（あなたが私に原因を言わないかぎり、私はあなたを助けないだろう）

8. 即使你说再多，我也不会答应。（たとえあなたがこれ以上言っても、私は承知しないだろう）

9. 他都 30 岁了还不出去工作，靠父母生活。（彼は 30 歳にもなってまだ仕事に行かず、両親に頼って生活している）

10. 这项任务一定要按期完成。/ 这项任务一定要按照期限完成。（この任務は必ず期限どおりに完了しなければならない。／この任務は必ず期限どおりに完了しなければならない）

✦ヒントと参考解答訳：

③ 図に合わせて、80 字程度の短い文章を書きましょう。

1. 図を見て、疑問を出し、考えられる答えを書きましょう。

例：

1) 図の標識はどんな意味ですか？「右折禁止」

2) この標識のはたらきは何ですか？車両が曲がり角で右折できないことを注意している。

3) どこでこの標識を目にすることが

できますか？　曲がり角。

4) この標識を見て、人々はどうしますか？　右折せず、交通ルールに従って、交通の秩序を守る。

2. 整理以上问题，进行想象，安排事情发展的顺序和过程，扩展成完整的一件事，书写短文。

2. 上のような疑問を整理して、想像をめぐらせ、出来事の起こる順番と過程を組み立て、1 つのストーリーとして展開して短い文章を書きましょう。

在马路上，尤其是在交通路口，我们常常可以看到各种各样的交通标志。有的用来指路或限速，有的指示哪里禁行、可以往哪边转弯，有的提醒司机和行人哪里可能容易发生交通事故。不管看到哪一种，我们都应该自觉地严格遵守，为维护我们城市的交通秩序贡献自己的一份力量。(路上では、特に道路の曲がり角で、私たちはいつも様々な交通標識を目にすることができる。道順や減速の指示に使うものもあれば、どこが通行禁止で、どちらに曲がれるかを指示するものもあり、ドライバーと歩行者にどこで交通事故を起こしやすいかを注意するものもある。どの標識を目にするにしても、私たちは自覚的に厳しく遵守し、私たちの街の交通秩序を守るために自分の力を捧げなくてはならない)

金曜日

複文（三）擬声語

今日は複文の最後の部分、因果·目的·仮定の関係を表す複文を見ていきましょう。

単語の部分では、ちょっと面白い言葉——擬声語を一緒に勉強してみましょう。

■要点のまとめ：
因果の複文／目的の複文／仮定の複文／擬声語

一、複文

(一) 因果の複文

因果関係を表す複文には、前の単文で原因を提示し、後の単文で結果を説明するものがあります。

❶ 因为（由于）……，所以……：**この構造では、主語の位置に注意する必要があります。前後の単文の主語が異なる場合、それぞれの単文の主語は関係詞の後に置きます。前後の単文の主語が同じ場合、主語は**“因为（由于）”**の前に置きます。**

例：因为天气不好，所以我不想去旅行了。　（主語が異なる）
　　她由于每天练习，所以字写得特别好。　（主語が同じ）

❷ ……，因此（因而）……：**前は原因、後は結果を表します。**

例：他生病了，因此没来上课。
　　他们来自不同的国家，因而生活习惯不一样。

因果関係の複文には、前の単文で結果を説明し、後の単文で原因を説明するものもあります。

❸ 之所以……，是因为……：**その結果が現れた原因を説明し、ややフォーマ**

ルな用法です。

例：之所以冰箱里的食品都坏了，是因为昨天晚上停电了。

他之所以没有获得奖学金，是因为缺课太多了。

❹……，因为……：**やや口語的な用法です。**

例：我不能陪你一起去了，因为我的作业还没做完。

我去不了了，因为没钱。

因果関係を表す複文の中には、前の単文で理由・根拠を表し、後の単文で結論を導くものがあります。

❺既然……，就……：**“既然”が導く単文は、話し手と聞き手の双方がすでに知っている情報やすでに起こったことであり、話し手はこれによって後半で結論を提示します。**

例：既然你来了，就帮我整理一下那边的东西吧。

既然她不喜欢你了，你就不要再去找她了。

❻……，可见……：**前半の状況から、後半の結論が得られることを表します。**

例：他连很多文言文都能看懂，可见他的中文水平非常高。

这么简单的单词你都没记住，可见没有好好学。

（二）目的の複文

1つの単文で行為を表し、もう1つの単文で行為の目的を示します。

❶……，以……：**前半で行為を表し、後半で目的を示します。一般的に書き言葉で用います。**

例：医院在郊区新建了分院，以改善医院的医疗条件，缓解老院区压力。

❷……，好……：**一般的に話し言葉で用います。**

例：赶紧告诉他吧，好让他早点儿做准备。

快把这个好消息告诉她吧，好让她也高兴高兴。

❸……，以便……：**前の単文の行為が、後の単文の目的を実現しやすくすることを表します。**

例：请在快递单上写清楚地址和电话，以便准确快速投递。

❹ ……，以免（免得、省得）……：**ある望ましくない状況の発生を回避することを表します。**“以免”**は一般的に書き言葉で用いられ、**“免得、省得”**はやや口語的です。**

例：你要认真总结经验教训，以免出现类似错误。
你赶紧回去吧，免得家长担心。
你帮我把这本书顺便还了吧，我就省得跑一趟了。

（三）仮定の複文

１つの単文で仮定を提示し、もう１つの単文でその状況下で起こりうる結果を述べます。

❶ 如果（要是、假如、假若、若是）……，（就）……：“如果”**は最も常用され、**“要是”**は口語で用いられることが多く、**“假如、假若、若是”**は一般的に書き言葉で用います。**

例：如果你不相信，就自己去看看吧。
要是你没时间去，就让小王去吧。
假如时光可以回到五年前，我依然会这样选择。
若是你认为有必要，我们就一起想办法完成。

❷（如果、要是）……的话，（就）……：“的话”**は助詞で、仮定の語気を表し、一般的に口語に用いられます。**

例：（如果、要是）有问题的话，你可以随时来找我。
你三点钟还到不了的话，我就先走了。

（四）複文の主語と関係詞

❶ **複文の中では、それぞれの単文の主語が同じ場合、主語は１つの単文の中にあればそれでかまいません。並列・漸進・接続・選択の関係を表す複文では、主語は一般的に最初の単文に置きます。逆接・譲歩・条件・因果・目的・仮定の関係を表す複文では、主語は最初の単文に置いても、次の単文に置いてもかまいません。**

例：他又会唱歌，又会跳舞。（并列）

因为经常锻炼，所以他身体很好。　他因为经常锻炼，所以身体很好。（因果）

❷ 複文の関係詞の多くは接続詞であり、少数の副詞もあります。接続詞が関係詞の場合、最初の単文の接続詞の位置には 2 パターンあります。
2 つの単文の主語が同じ場合、一般的に主語の後に置きます。
2 つの単文の主語が異なる場合、最初の単文の接続詞はふつう主語の前に置き、次の単文の接続詞は常に主語の前に置く必要があります。

例：他不但参加了会议，而且在会议上发了言。
　　虽然这次会议的时间比较长，但大家都不觉得枯燥。

❸ 関係詞のはたらきを持つ副詞は、常に主語の後に置く必要があり、主に“却、就、还、也、都、才”**などがあります。**

例：我不太喜欢这个味道，他却很喜欢。

二、擬声語

“象声词”（擬声語）は物や動作の音をまねた言葉で、“拟声词”ともいい、文中ではよく連用修飾語・連体修飾語・述語・補語などになります。

例：雨哗哗地下个不停。
　　突然一阵“丁零零”的电话铃声打断了他的思路。

この中の“哗哗、丁零零”が擬声語です。常用される擬声語には以下のようなものもあります。

噔噔：足音
嘀嗒 (dīdā)：時計の立てる音
咚咚：ドアをノックする音
咕嘟 (dū) 咕嘟：勢いよく水を飲む音
咕咕、咕噜 (lū) 噜：空腹で腹が鳴る音
哈哈：笑い声
呼哧 (chī) 呼哧：苦しそうに息を吐く音
轰隆 (lōng) 、隆 (lōng) 隆：雷鳴・大きな機械の音・砲声
呼呼：風の音
哗哗、哗啦哗啦：雨音・水の流れる音

叽叽喳喳：鳥の鳴き声

怦 (pēng) 怦：心臓が立てる音

砰 (pēng) 砰：銃声

噼 (pī) 里啪啦：拍手の音・爆竹の音・ものが落ちて砕け散る音

扑哧：笑い声

扑通：重いものが地面に落ちる音、水が落ちる音

嗡嗡：ミツバチ・ハエなどが立てる音

実戦問題

① 完成句子。

1. 他今天　因为　身体　没来上班
不太舒服　所以

2. 他们　学习汉语的　水平也不一样
时间长短不同　因而

3. 他们　配合得不太好　没有得到冠军
之所以　是因为

4. 明天　多穿些衣服　以免感冒
大风降温　你要

5. 记下来　考试之前　复习
把重点内容　以便

6. 如果　先去趟　图书馆　来得及的话
我想

7. 没有你的帮助　要是　我的学习
进步这么快　不会

8. 叽叽喳喳地　春天　小鸟　到了
树上的　叫着

参考解答と訳：

① 文を完成させましょう。

1. **因为身体不太舒服，所以他今天没来上班。/他今天因为身体不太舒服，所以没来上班。**（体があまり具合がよくないので、彼は今日出勤していない。／彼は今日体があまり具合がよくないので、出勤していない）
2. **他们学习汉语的时间长短不同，因而水平也不一样。**（彼らが中国語を学んだ期間は長さが異なるので、レベルも同じではない）
3. **他们之所以没有得到冠军，是因为配合得不太好。**（彼らが優勝できなかったのは、あまりよく力を合わせられなかったからだ）
4. **明天大风降温，你要多穿些衣服，以免感冒。**（明日は風が強くて気温が下がるから、あなたは少し厚着をして、風邪をひかないようにして）
5. **把重点内容记下来，以便考试之前复习。**（重要な内容を書き留めて、試験前の復習に役立つようにする）
6. **如果来得及的话，我想先去趟图书馆。**（もし間に合えば、私は先に一度図書館に行きたい）
7. **要是没有你的帮助，我的学习不会进步这么快。**（もしあなたの助けがなければ、私の勉強はこんなに速く進まないだろう）
8. **春天到了，树上的小鸟叽叽喳喳地叫着。**（春が来て、木の上の小鳥がピーチクパーチクと鳴いている）

9. 一整天　没吃饭了　肚子　饿得
我的　咕咕叫

10. 飞来飞去　小蜜蜂　在花丛中
忙碌的　嗡嗡地

9. 一整天没吃饭了，我的肚子饿得咕咕叫。（1 日中食事していないので、私の腹は空腹でグーグー鳴っている）

10. 忙碌的小蜜蜂在花丛中嗡嗡地飞来飞去。（せわしない小さなミツバチが花々の中をブンブンと飛び交っている）

2 请结合每张图片写一篇 80 字左右的短文。

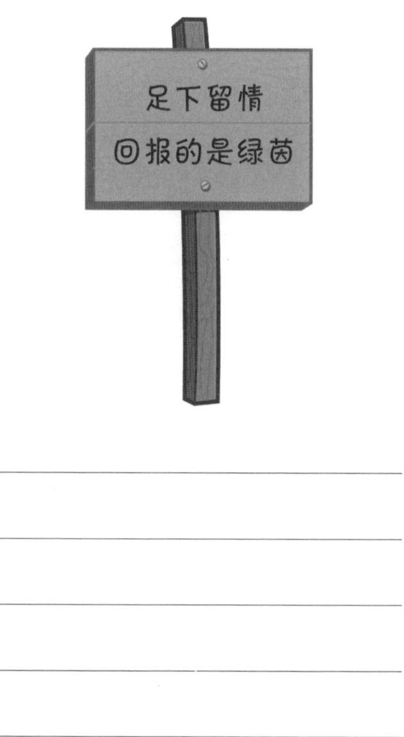

✦ヒントと参考解答訳：

2 それぞれの図に合わせて、80 字程度の短い文章を書きましょう。

1. 図を見て、疑問を出しましょう。
   1) 看板に書かれているのは何ですか？「足元を大切に　芝生が育ちます［足元に温かい心を　恩返しするのは緑の草地です］」
   2) この言葉はどんな意味ですか？　芝生を踏まないでください、草が美しい風景を作ります……。
   3) この看板は一般的にどこに置かれますか？　公園・学校の敷地・道端・そのほかの芝生のある場所……。
   4) この看板を置く目的は何ですか？　人々に注意して、みんなが芝生を踏まないようにし、草には保護が必要だと呼びかける……。
   5) この看板を見て、あなたはどうしますか？　微笑んで、回り道をして行く……。

2. 上のような疑問を整理して、想像をめぐらせ、出来事の起こる順番と過程を組み立て、1つのストーリーとして展開して短い文章を書きましょう。

春天到了，草儿钻出了泥土，树上长出了嫩嫩的绿芽，公园里人来人往。在公园的绿地上，我看到一块长方形的牌子，上面写着“足下留情，回报的是绿茵”。是啊，我们都应该爱护自然，保护环境，保护我们美丽的地球。（春が来て、草が土から顔を出し、木にはやわらかい緑の芽が出て、公園では人々が行き来している。公園の緑地で、私はある長方形の看板を目にし、そこには「足元を大切に　芝生が育ちます［足元に温かい心を　恩返しするのは緑の草地です］」と書かれていた。そうだ、私たちはみな自然を大切にし、環境を守り、私たちの美しい地球を守らねばならない）

✦ヒントと参考解答訳：

1. 図を見て、疑問を出しましょう。
   1) これはどんな建築ですか？　長城。
   2) どこでこの建築を見ることができますか？　北京……。
   3) あなたは長城に行ったことがありますか、または聞いたことがありますか？　聞いたことがある・行ったことがない・行ったことはないが期待している……。
   4) 万里の長城はあなたにどんな印象を残しましたか？　雄大・壮観・美しい……。

2. 上のような疑問を整理して、想像をめぐらせ、出来事の起こる順番と過程を組み立て、1つのストーリーとして展開して短い文章を書きましょう。

上周末我和同学们一起去爬八达岭长城。我小时候就听说过中国的长城，这次能去长城游览非常兴奋。经过几个小时，我们终于爬到了长城的最高点。远远望去，像巨龙一样的长城，连绵起伏的群山，茂密的树木，还有红叶、蓝天，真是雄伟而美丽的景象！（先週末私はクラスメイトたちと一緒に八達嶺の長城に登った。私は幼いころから中国の長城について耳にしていて、今回長城に観光に行くことができてとても興奮した。何時間かかけて、私たちはとうとう長城のいちばん高い場所に登った。遠くを眺めると、巨竜のような長城、えんえんと起伏する山々、うっそうとした木々、それに紅葉、青空、本当に雄壮で美しい光景だった！）

新出単語

配合	pèihé	（動）	力を合わせる、歩調を合わせる
降温	jiàngwēn	（動）	温度を下げる、気温が下がる
蜜蜂	mìfēng	（名）	ミツバチ
忙碌	mánglù	（形）	忙しい
绿茵	lǜyīn	（名）	緑の草地、芝生
草坪	cǎopíng	（名）	芝生
绕路	ràolù	（動）	回り道をする
人来人往	rénlái-rénwǎng		人々が行き来する
建筑	jiànzhù	（名）	建築物、建物
期待	qīdài	（動）	期待する
雄伟	xióngwěi	（形）	（建築物や山河が）勇壮である、壮大である
壮观	zhuàngguān	（形）	壮観である
连绵起伏	liánmián-qǐfú		えんえんと起伏し続いている
景象	jǐngxiàng	（名）	光景、ありさま

復習と練習

1 选择填空。

只有……才……	因为……所以……
如果……就……	虽然……但是……
是……还是……	不管……都……
只要……就……	与其……不如……

1. (　　) 双方都有积极合作的态度，这项工作 (　　) 能顺利开展。

2. (　　) 肯下功夫，(　　) 一定能取得进步。

3. (　　) 最近太忙了，(　　) 直到今天才来看你。

4. (　　) 练习舞蹈并不容易，(　　) 我还是要坚持下去。

5. (　　) 明天天气好，我们 (　　) 去公园划船。

6. 我们今天 (　　) 先学习美术，(　　) 先学习书法?

7. 天气这么好，(　　) 待在家里聊天，(　　) 到外面散散步。

8. 他 (　　) 嘴上没说，(　　) 心里却非常激动。

9. 他 (　　) 对学习还是对工作，(　　) 非常认真。

10. (　　) 你早两天来，(　　) 能见到他了。

参考解答と訳：

1 ふさわしい単語を選んで空欄を埋めましょう。

1. (只有) 双方都有积极合作的态度，这项工作 (才) 能顺利开展。(双方ともに積極的に協力する態度があってこそ、この仕事は順調に進められる)
2. (只要) 肯下功夫，(就) 一定能取得进步。(進んで努力しさえすれば、きっと進歩を得ることができる)
3. (因为) 最近太忙了，(所以) 直到今天才来看你。(最近は忙しすぎたので、今日になってやっとあなたに会いに来た)
4. (虽然) 练习舞蹈并不容易，(但是) 我还是要坚持下去。(ダンスの練習は決して楽ではないが、それでも私は頑張り続ける)
5. (只要、如果) 明天天气好，我们 (就) 去公园划船。((只要) 明日の天気さえよければ、私たちは公園にボートを漕ぎに行く。／(如果) もし明日の天気がよければ、私たちは公園にボートを漕ぎに行く)
6. 我们今天 (是) 先学习美术，(还是) 先学习书法? (私たちは今日まず美術を勉強するのですか、それともまず書道を勉強するのですか？)
7. 天气这么好，(与其) 待在家里聊天，(不如) 到外面散散步。(天気がこんなによいから、家にいておしゃべりするよりは、むしろ外で散歩でもした方がよい)
8. 他 (虽然) 嘴上没说，(但是) 心里却非常激动。(彼は口では言わなかったが、心の中ではとても感動していた)

② 改错句。

1. 我不但看不懂，也他看不懂。

2. 要么我们去八达岭长城，要么我们去颐和园。

3. 虽然他已经六十多岁了，头发没有白。

4. 明天刮风还是下雨，我们准时出发。

5. 要是没有你们的帮助，就我无法生活下去。

6. 只要努力，多听多说，才一定能学好汉语。

7. 与其在这里等，没有我们直接去找他。

8. 因为能顺利通过面试，他花 1000 多块钱买了一套名牌西服。

9. 他们来自不同的国家，为了生活习惯各不相同。

10. 他是因为公司派他出国了，之所以没有参加妹妹的婚礼。

9. 他（不管）对学习还是对工作，（都）非常认真。（彼は勉強であろうと仕事であろうと、とても真面目だ）

10. （如果）你早两天来，（就）能见到他了。（もしあなたが数日早く来れば、彼に会える）

参考解答と訳：

② 間違った文を直しましょう。

1. 不但我看不懂，他也看不懂。（私が見て分からないだけでなく、彼も見て分からない）
2. 我们要么去八达岭长城，要么去颐和园。（私たちは八達嶺の長城に行くのでなければ、頤和園に行く）
3. 虽然他已经六十多岁了，但是头发还没有白。（彼はもう六十数歳だが、髪はまだ白くない）
4. 不管明天是刮风还是下雨，我们都准时出发。（明日風が吹こうと雨が降ろうと、私たちは時間どおりに出発する）
5. 要是没有你们的帮助，我就无法生活下去。（もしあなたの助けがなかったら、私は暮らしていけない）
6. 只要努力，多听多说，就一定能学好汉语。/ 只有努力，多听多说，才能学好汉语。（努力して、たくさん聞いてたくさん話しさえすれば、きっと中国語をマスターできる。／努力して、たくさん聞いてたくさん話してこそ、やっと中国語をマスターできる）
7. 与其在这里等，不如我们直接去找他。（ここで待つより、むしろ私たちは直接彼に会いに行った方がよい）

8. 为了能顺利通过面试，他花 1000 多块钱买了一套名牌西服。（順調に面接に合格できるように、彼は 1000 元あまりを使って 1 着のブランドもののスーツを買った）

9. 他们来自不同的国家，所以生活习惯各不相同。（彼らは違う国から来たので、生活習慣もそれぞれ異なる）

10. 他之所以没有参加妹妹的婚礼，是因为公司派他出国了。/ 因为公司派他出国了，所以他没有参加妹妹的婚礼。（彼が妹の結婚式に参加しなかったのは、会社が彼を外国に行かせたからだ。／会社が彼を外国に行かせたので、彼は妹の結婚式に参加しなかった）

3 请结合这张图片写一篇 80 字左右的短文。

1. 看图，提出问题，并列举可能的答案。

如：

1) 图片上有什么？果树、成熟的果子……

2) ________________

3) ________________

4) ________________

✦ヒントと参考解答訳：

3 図に合わせて、80 字程度の短い文章を書きましょう。

1. 図を見て、疑問を出し、考えられる答えを書きましょう。

例：

1) 図には何がありますか？　果物の木・実った果物……。

2) 図の内容は、どんな季節に起こると考えられますか？　秋・収穫の季節……。

3) これらの果物の木は誰が植えたものですか？　農家の人・果物農家の人……。

4) この場面を見て、あなたの気持ちはどうですか？　楽しい・食べたい・果物農家の人のためにうれしい・対価を払ってこそ収穫がある……。

2. 整理以上问题，进行想象，安排事情发展的顺序和过程，扩展成完整的一件事，书写短文。

2. 上のような疑問を整理して、想像をめぐらせ、出来事の起こる順番と過程を組み立て、1つのストーリーとして展開して短い文章を書きましょう。

秋天是收获的季节，果农们经过一个夏天的辛勤劳作，终于等到了丰收的时刻。看着枝头上那鲜红饱满的果实，他们的心里乐开了花。你们呢，看到这美味的水果，是不是想马上摘下来痛快地大吃一番呢？（秋は収穫の季節であり、果物農家の人たちは一夏のつらい労働を経て、とうとう豊かな収穫のときを迎えた。枝先のあの真っ赤な丸々とした果実を見て、彼らの心は花が咲いたようにうれしくなる。あなた方は、この美味しそうな果物を見て、すぐに摘み取って心ゆくまでかぶりつきたいと思うだろうか？）

第3週

週末の振り返りと力だめし

知っておこう　文章の結末と前後の呼応

一 文章の結末でよく使われる書き方

結末は文章の最後の部分であり、よい結末は文章に一体感と整った美しさを与えます。結末の書き方はやや自由で、一般的に以下のような種類があります。

1▶ ものごとの結果を説明し、文章は自然にまとまります。

2▶ 文章全体に総括を行い、文章のテーマを明らかにします。

3▶ 自分の考えをまとめたり、自分の気持ちを述べたりします。

同時に、もし文章の結末が文章の書き出しと互いに呼応でき、かつ読者に想像の余地を残していれば、よりよい結末となります。文章は生き生きとし、「画竜点睛」の効果を生むでしょう。

二 文章の前後の呼応

前後の呼応は、文章の前後の文が意味的に互いにつながっていることです。呼応のはたらきは、文章の前後の意味を一貫させ、論理を明確にし、整った一体感を与え、しかも文章の主なテーマを際立たせることです。

文章の前後を呼応させる方法には、次のようなものがあります。

- テーマやキーワードを中心に文章を書き、テーマから離れないようにします。
- 冒頭で提示した内容を、結末で適度に繰り返し、かつテーマを深めます。
- 前の文で原因の説明や問題の提起を行い、後の文で結果を示したり答えを与えたりします。
- 後の文で重点的に述べる内容について、前の文でまず簡単に触れておきます。
- 結末で全体のテーマに総括を行い、読者が作者の意図をより深く理解するようにします。

練習

读下面短文，完成练习。

夜空

夜空是那么美丽，那么迷人，那么绚丽多彩。每当我仰望夜空，都会对它产生一种迷恋的感觉。

我静静地坐在窗口，用手轻轻地托着脑袋。抬头望见晴朗的夜空中，月亮像一位害羞的姑娘，用云遮住美丽的脸庞，星星们顽皮地眨着眼睛，好像无数珍珠挂在一望无垠的碧空中。

星星散发着微弱的光芒，有四个角的，也有五个角的。我凝视着一颗明亮的星星，刚刚它的周围还是空空的，但突然间，它的周围就多出了几颗，就是那么一瞬间，几乎不容察觉，就明明亮亮地出现了。

呵，两颗，三颗……不对，十颗，十五颗……奇迹般地出现，愈数愈多，再数亦不可。一时间，满天星斗，一片闪亮，像陡然打开了百宝箱，灿灿的、灼灼的，让人目不暇接……

____

____

练习：

给短文续写一个结尾，看看什么样的结尾比较好，注意前后呼应。

参考解答と訳

以下の短い文章を読んで、練習問題に答えなさい。

夜空

夜空はあんなに美しく、あんなに人を夢中にさせ、あんなにきらびやかで鮮やかだ。私は夜空を見上げるたびに、いつも恋い焦がれるような気持ちになる。

私は静かに窓辺に座り、手でそっと頭を支える。頭を上げて晴れわたった夜空を眺めると、月は1人の恥ずかしがりの少女のように、雲で美しい顔を隠し、星々はいたずらっぽく目を瞬かせ、まるで無数の真珠が見わたすかぎり果てしない青空にかかっているようだ。

星はかすかな光を放ち、四角形のもあれば、五角形のもある。私が1つの明るい星を見つめると、さっきまでその周りには何もなかったのに、突然そのまわりにいくつかの星が生まれ、ちょうどその一瞬、ほとんど気づかないほどだが、キラキラと姿を現した。

ああ、2つ、3つ……違う、10、15……奇跡のように現れて、数を追うほどに多くなり、数え切れなくなった。あっという間に、満天の星々が一面に輝き、まるでパッと宝石箱を開けたように、キラキラ、ピカピカと、目を閉じるいとまもない……。

練習：
短い文章に続けて結末を書きなさい。どのような結末がよいか考え、前後の呼応に注意すること。

我的心，也仿佛飞上了夜空，变成了无数星星中的一颗，静静地、静静地俯视着广阔无垠的大地……（私の心も、夜空に舞い上がったように、無数の星の1つとなって、静かに、静かに広く限りない大地を見下ろしている……）

新出単語リスト

【A】

安慰	ānwèi	（動）	25
岸边	ànbiān	（名）	171

【B】

八达岭	Bādálǐng	（名）	39
芭蕾舞	bālěiwǔ	（名）	171
摆	bǎi	（動）	123
傍晚	bàngwǎn	（名）	25
包裹	bāoguǒ	（名）	171
包涵	bāohán	（動）	209
包装	bāozhuāng	（動）	171
保存	bǎocún	（動）	139
被子	bèizi	（名）	25
毕竟	bìjìng	（副）	209
标志	biāozhì	（名）	193
表情	biǎoqíng	（名）	25
冰箱	bīngxiāng	（名）	25
并非	bìngfēi	（動）	154
玻璃	bōli	（名）	209
播出	bōchū	（動）	171
补充	bǔchōng	（動）	230
不得了	bùdéliǎo		25
布置	bùzhì	（動）	71

【C】

参与	cānyù	（動）	193
草莓	cǎoméi	（名）	230
草坪	cǎopíng	（名）	258
曾经	céngjīng	（副）	193
场所	chǎngsuǒ	（名）	193
潮流	cháoliú	（名）	71
沉默寡言	chénmò-guǎyán		244
称赞	chēngzàn	（動）	25
成熟	chéngshú	（形）	209
城墙	chéngqiáng	（名）	39
乘凉	chéngliáng	（動）	230
吃惊	chījīng	（動）	193
重逢	chóngféng	（動）	139
初次	chūcì	（名）	71
穿着	chuānzhuó	（名）	244
串	chuàn	（量）	111
吹	chuī	（動）	39
瓷器	cíqì	（名）	39
催	cuī	（動）	209
翠绿	cuìlǜ	（形）	71
村庄	cūnzhuāng	（名）	71

【D】

打架	dǎjià	（動）	58
打听	dǎting	（動）	111
的确	díquè	（副）	58
地铁	dìtiě	（名）	25
地质学	dìzhìxué	（名）	39
电视剧	diànshìjù	（名）	171
钓鱼	diàoyú	（動）	171
锻炼	duànliàn	（動）	71
顿时	dùnshí	（副）	89

【F】

发愁	fāchóu	（動）	171
发掘	fājué	（動）	39
反映	fǎnyìng	（動）	71
服装	fúzhuāng	（名）	89
辅导	fǔdǎo	（動）	58

【G】

改正	gǎizhèng	（動）	89
感人	gǎnrén	（形）	39
岗位	gǎngwèi	（名）	139
高楼大厦	gāolóu-dàshà		111
搞	gǎo	（動）	89
告别	gàobié	（動）	139
公路	gōnglù	（名）	230
公正	gōngzhèng	（形）	209
姑娘	gūniang	（名）	39
古典	gǔdiǎn	（形）	39
古老	gǔlǎo	（形）	58
故乡	gùxiāng	（名）	39
挂	guà	（動）	111
观察	guānchá	（動）	39
果实	guǒshí	（名）	71

【H】

含义	hányì	（名）	209
杭州	Hángzhōu	（名）	39
合影	héyǐng	（動）	89
何乐而不为	hé lè ér bù wéi		244
和气	héqi	（形）	139
红烧排骨	hóngshāo páigǔ		139
后悔	hòuhuǐ	（動）	71
花朵	huāduǒ	（名）	25
滑冰	huábīng	（動）	58
画册	huàcè	（名）	123
画面	huàmiàn	（名）	209
怀疑	huáiyí	（動）	71
环境	huánjìng	（名）	71
火灾	huǒzāi	（名）	244
火种	huǒzhǒng	（名）	244
伙伴	huǒbàn	（名）	39

【J】

激烈	jīliè	（形）	71
即将	jíjiāng	（副）	139
家乡	jiāxiāng	（名）	171
价格	jiàgé	（名）	58
简历	jiǎnlì	（名）	154
建筑	jiànzhù	（名）	258
健美	jiànměi	（形）	244
将近	jiāngjìn	（副）	89
奖学金	jiǎngxuéjīn	（名）	244
降温	jiàngwēn	（動）	258
郊区	jiāoqū	（名）	230
郊外	jiāowài	（名）	193
结	jiē	（動）	71
解脱	jiětuō	（動）	89
晋升	jìnshēng	（動）	71
京剧	jīngjù	（名）	123
惊喜	jīngxǐ	（名）	123
精美	jīngměi	（形）	111
景象	jǐngxiàng	（名）	258
警示	jǐngshì	（動）	244

配合	pèihé	（動）	258
铺	pū	（動）	25
葡萄	pútɑo	（名）	58

【Q】

期待	qīdài	（動）	258
奇特	qítè	（形）	230
起	qǐ	（量）	193
气氛	qìfēn	（名）	139
抢救	qiǎngjiù	（動）	89
亲切	qīnqiè	（形）	193
倾盆大雨	qīngpén-dàyǔ		89
清澈	qīngchè	（形）	171
庆祝	qìngzhù	（動）	154
确实	quèshí	（副）	154

【R】

绕路	ràolù	（動）	258
人口	rénkǒu	（名）	39
人来人往	rénlái-rénwǎng		258
仍然	réngrán	（副）	89

【S】

沙发	shāfā	（名）	58
山区	shānqū	（名）	230
善于	shànyú	（動）	39
伤害	shānghài	（動）	193
身材	shēncái	（名）	58
深刻	shēnkè	（形）	39
盛开	shèngkāi	（動）	171
时尚	shíshàng	（形）	58
实习	shíxí	（動）	209
实验	shíyàn	（名）	58
实验室	shíyànshì	（名）	58
实用	shíyòng	（形）	230
事故	shìgù	（名）	139
视力	shìlì	（名）	111
收购	shōugòu	（動）	58
书架	shūjià	（名）	123
熟	shú	（形）	58
鼠标	shǔbiāo	（名）	71
水仙花	shuǐxiānhuā	（名）	171
睡懒觉	shuì lǎnjiào		171
顺便	shùnbiàn	（副）	123
苏醒	sūxǐng	（動）	89
速度	sùdù	（名）	58
宿舍	sùshè	（名）	58
损失	sǔnshī	（名）	244
所	suǒ	（量）	123

【T】

太极拳	tàijíquán	（名）	25
糖醋鱼	tángcù yú		139
滔滔不绝	tāotāo-bùjué		244
淘汰	táotài	（動）	123
讨论	tǎolùn	（動）	89
特色	tèsè	（名）	123
提高	tígāo	（動）	58
提前	tíqián	（動）	171
体谅	tǐliàng	（動）	209
铁路	tiělù	（名）	25
同心协力	tóngxīn-xiélì		244
投	tóu	（動）	154
图画	túhuà	（名）	171

【W】

【X】

【Y】

【Z】

装修	zhuāngxiū	（動）	209
壮观	zhuàngguān	（形）	258
自然	zìran	（形）	25
钻戒	zuànjiè	（名）	89
坐落	zuòluò	（動）	230

■翻訳：舩山明音
■中文校正協力：二瓶里美

HSK5級作文問題 最短制覇

2021年9月20日　第1刷発行

著　者　鄭 麗傑、張 麗梅
発行者　前田俊秀
発行所　株式会社 三修社
〒150-0001　東京都渋谷区神宮前2-2-22
TEL03-3405-4511
FAX03-3405-4522
https://www.sanshusha.co.jp
振替 00190-9-72758
編集担当　安田美佳子
印刷・製本　壮光舎印刷株式会社

ISBN978-4-384-06011-9 C2087

カバー・本文デザイン：株式会社エヌ・オフィス